Griechin und türkischer Teppich

für Gerhard

Isa Koschinsky

Griechin und türkischer Teppich

Vierzehn Begebenheiten:
nachdenklich – heiter
überschwänglich – traurig
fantastisch – wirklichkeitsnah

Alle Rechte bei der Autorin
Herstellung: Books on Demand GmbH, Norderstedt
ISBN 3-8330-0258-1

Inhalt

Salvar

„Habt ihr gehört? In Kemer ist heute Markt!
Wir fahren hin und kaufen einen Salvar!"
Ein Salvar (sprich: Schalwar) ist eine türkische Hose. Sie ist aus Baumwolle und wird in Anatolien getragen, von Männern schwarz und von Frauen bunt gemustert. Der besondere Schnitt dieser Hose ist, dass sie im Schritt bis zu den Kniekehlen hängt. Das macht sie sehr bequem, weil alles darin Platz hat. Sie wurde deshalb von Gerhard zur Haus- und Fernsehhose ausersehen.

Um zehn Uhr warten wir auf den Linienbus. Er kommt meistens zu spät und ist so voll, dass wir uns einen Stehplatz erkämpfen müssen. Alle Fenster sind offen, es zieht. Was zu Hause Protest ausgelöst hätte, hier wird es als Urlaubsspaß genossen. Wir lachen und schwatzen.

Von den Fahrgästen in den hinteren Reihen werden Geldscheine zu uns gereicht, die wir an den Fahrer nach vorn weitergeben. Urlaubserfahrungen und -tipps werden ausgetauscht: „Phaselis, da müsst ihr unbedingt hin!" Oder: „Das Theater in Aspendos dürft ihr auf keinen Fall versäumen, aber zieht euch bequeme Schuhe an!" Und: „In Kemer müsst ihr aufpassen. Vor jedem Geschäft wird man versuchen, euch hineinzulocken!"

Der Markt in Kemer ist wenige Meter von der Bushaltestelle entfernt. An dem Platz befindet sich auch ein Café. Für den Fall, dass wir uns verlieren, wollen wir uns um 13 Uhr dort treffen. Dann begeben wir uns in das Marktgetümmel.

T-Shirts, Jeans, ein paar Obststände, türkische Teegläser, Industriekeramik, Andenkenramsch und Teppiche, die

„behandelt" wurden, um antik zu wirken. Kein Salvar. Türken sieht man nur hinter den Verkaufsständen, niemand von ihnen kauft hier ein. Ein Touristenmarkt. Die Enttäuschung ist groß.

Wir sehnen uns nach dem Markt von Manavgat, der einem Volksfest glich. Alle Farben und Gerüche des Orients waren dort vereint. Es gab Gewürze, Obst, Gemüse, Strickjacken und Pullover aus Schafwolle und türkische Hosen in großer Auswahl, aber auch Jeans und T-Shirts. Hühner liefen gackernd umher, Ziegen meckerten. Türkinnen kauften mit ihren Kindern ein, trafen Bekannte und erzählten sich Neuigkeiten. – Oder der Markt in Alanya: Wir waren der Meinung, den Safran billig gekauft zu haben, aber ein paar Stände weiter war er halb so teuer, weil dort weniger Touristen hinkamen. Dagegen erhielten wir einen maßgeschneiderten Salvar bei einem Schneider innerhalb eines Tages zu einem sehr günstigen Preis. Solche Erfahrungen macht man auf dem Markt in Kemer nicht.

Nachdem wir alle Gassen des Marktes durchlaufen und alle Stände gründlich durchforscht haben, ohne einen Salvar zu entdecken, nehmen wir entmutigt Platz an einem Tisch vor dem Café. Wir bestellen Cola und Bier und starren in die vorbeiziehenden Touristenströme. Schließlich gehen wir zur Bushaltestelle. Dort entdecken wir eine „Information" und schöpfen neue Hoffnung.

„Wir möchten einen Salvar kaufen", sagen wir dem diensthabenden Türken.

„Den bekommen Sie hier nicht. Vielleicht in Antalya oder in Manavgat, aber sicher bin ich da auch nicht", sagt er in fließendem Deutsch.

Ein zweiter Türke kommt. Der Erste fragt ihn auf Türkisch nach der Hose. Der Zweite nickt und läuft weg. Nach kurzer Zeit erscheint er wieder und erklärt dem Ersten, was er erreicht hat. Dieser übersetzt für uns: „Ein Taxifahrer kann sie zum Geschäft bringen, wo es den Salvar gibt, ungefähr zwei Kilometer von hier."

Wir überlegen – einverstanden! Der Mann bringt uns zum Taxi.

Zunächst fahren wir durch die Hauptgeschäftsstraße von Kemer. Dann biegen wir rechts ab und kommen in ländliches Gebiet. Das ist uns nicht geheuer. Wir sehen uns fragend an. Wenig später bremst der Fahrer, biegt vor einem Haus links ein und hält vor einem Hof an. Eine ältere Türkin erscheint. Sie führt uns um den Hof herum in das Haus. Wir betreten einen kleinen Raum und sind beeindruckt von dem Anblick, der sich uns bietet. So viel haben wir nicht erwartet. Da hängen sie dicht gedrängt auf Stangen wie in einem Kaufhaus. Der ganze Raum ist bis an die Decke angefüllt mit türkischen Hosen in vielen Mustern und Farben. Und da sind auch sie, die gesuchten schwarzen. Die Größe stimmt. Die Türkin nennt ihren Preis. Wir versuchen zu handeln, sie geht aber nicht darauf ein.

„Dies ist kein Touristenmarkt", mag sie denken. Sie hat Recht. Schließlich wird eine Hose gekauft, die wir unverpackt mitnehmen. Wir fahren mit dem Taxi zurück und lassen uns in Kemer am Anfang der Hauptgeschäftsstraße absetzen. Nun sind wir in Festtagsstimmung und beschließen, einen Schaufensterbummel zu machen.

Bereits vor dem ersten Laden werden wir angesprochen.

„Wie geht es Ihnen?" Der Ladeninhaber sieht die Hose, die Gerhard über dem Arm trägt. „Oh, Sie haben einen Salvar gekauft?"

„Ja." Wir strahlen ihn an.

„Warten Sie", sagt er, verschwindet in seinem Laden und kommt mit einer Tüte zurück. Wir bedanken uns und lassen die Hose darin verschwinden.

Dann erleben wir, was uns bereits im Bus prophezeit wurde. Vor jedem Geschäft werden wir begrüßt: „Wie geht es Ihnen? Treten Sie ein? Möchten Sie ein Glas Tee?" Uns fällt eine List ein. Wir fragen: „Haben Sie einen Salvar zu verkaufen?"

Erstaunte Gesichter. „Nein."

„Waren Sie schon auf dem Markt?"

„Ja."

„Kein Salvar."

„Nein."

So lässt man uns ziehen. Wir kaufen ein goldenes Armband, eine Umhängetasche und unterbrechen unseren Bummel bei einer Imbissstube. Ein Tisch und drei Stühle stehen davor. Wir essen Döner Kebab, trinken Kaffee und Raki und sehen dem Treiben auf der Straße zu.

Nach etwa einer Stunde treten wir den Rückweg auf der anderen Straßenseite an. Kurz vor dem Ende stellen wir vor einem Textilgeschäft die Frage „Wie geht es Ihnen?" erneut die Gegenfrage: „Haben Sie einen Salvar zu verkaufen?" – „Ja." – Erstaunte Gesichter bei uns. Wir betreten das Geschäft. Ein junger Türke bedient uns. Er spricht einwandfrei Deutsch. Wir erfahren, dass er in Dortmund aufgewachsen ist. „Ich zeige Ihnen den Salvar." Tatsächlich, er hat einen, allerdings nicht aus Baumwolle und viel teurer als unser Exemplar in der Tüte. Wir verabschieden uns und gehen zur Bushaltestelle.

Auf der Rückfahrt überlegen wir: „Ob auf dem Markt in Kemer nach unserem Gastspiel in Zukunft wieder türkische Hosen angeboten werden?"

Königin der Nacht

Vor vielen Jahren, als ich ein junges Mädchen war, fuhr ich zum ersten Mal zu meinem Onkel nach Gauting bei München. Er war Kunstmaler. Natürlich zeigte er mir seine Bilder. Er malte Portraits und Blumen. Seine Blumengemälde gefielen mir sehr. Am meisten beeindruckte mich die Königin der Nacht, ein Kaktus mit herrlichen Blüten, wie ich ihn vorher noch nie gesehen hatte. Mein Onkel versprach mir das Bild, wenn ich einmal ein eigenes Zuhause haben würde. Zwölf Jahre später hat er sein Versprechen gehalten. Seitdem hängt die Königin der Nacht über meinem Bett. Das Bild übt heute noch einen großen Reiz auf mich aus. Ich betrachte es oft und entdecke immer wieder etwas Neues. Manchmal habe ich mir in den vergangenen Jahren gewünscht, diese Pflanze einmal in Wirklichkeit zu sehen. Ich kam jedoch nie auf den Gedanken, mich nach ihrem Erwerb zu erkundigen. Eines Tages war ich plötzlich überzeugt, dass ich sie besaß, ohne es bemerkt zu haben.

Vor mehr als zehn Jahren schenkte uns eine Kollegin von Gerhard mit vielsagender Miene, jedoch ohne den Namen zu nennen, den Ableger von einem Kaktus. Er bestand aus zwei grünen Trieben. Der eine sah aus wie ein langes schmales Blatt mit einer Rippe in der Mitte und unregelmäßigen Einkerbungen am Rand. Der andere war kürzer und oval geformt. Beide fühlten sich fest und fleischig an und hatten einen kurzen und holzigen Stiel. Sie waren hässlich. Ich stellte den Kaktus in eine unauffällige Ecke auf dem Balkon. Dort bekam er im Laufe des Sommers zwei weitere Triebe, einen langen dünnen mit beigefarbenen Borsten am oberen Ende, und einen kurzen, wiederum blattähnlichen, der sich an der Spitze in zwei dicke Enden teilte.

Als es Herbst wurde, stellte ich die Pflanze ins Wohnzimmer. Dort war sie wenig dekorativ, vertrug die Heizungsluft nicht und fing an zu kränkeln. „Schmeiß das scheußliche Ding weg", empfahl Gerhard. Ich überlegte und gab dem Kaktus eine Chance auf dem kühlen Fensterbrett in meinem Schlafzimmer. Dort erholte er sich und überlebte den Winter.

Von nun an wechselte sein Standort alle halben Jahre vom Schlafzimmer auf den Balkon und umgekehrt. Er bekam weitere unansehnliche Triebe. Ich versuchte, ihm mit Hilfe eines schönen Übertopfes ein besseres Aussehen zu verleihen. Einmal in der Woche erhielt er etwas Wasser. So wurde er für uns zur Gewohnheit und kaum noch wahrgenommen.

Es geschah im März des sechsten Jahres. Der Kaktus stand im Schlafzimmer, als ich beim wöchentlichen Gießen auf einem seiner Triebe ein kaminrotes Pünktchen entdeckte. Ich forschte nach und fand acht kleine Knospen. Von nun an sah ich ihn öfter an. Auch Gerhard konnte ich dazu bewegen hinzuschauen. Wir wurden neugierig. Aus den Pünktchen wurden kleine Kugeln so groß wie ein Stecknadelknopf, ringsherum mit feinen hellen Borsten ausgestattet. Bald darauf streckten sie sich und bekamen einen kräftigen Stiel, der seinerseits mit kurzen dicken Borsten versehen war, während die nun längliche Knospe eine glatte Oberfläche hatte und nach oben spitz zulief. Ihre Farbe verwandelte sich in ein rötliches Braun.

Wir fuhren in unseren Osterurlaub nach Mallorca, wanderten durch duftende Orangenplantagen, entdeckten kleine Orchideen in den Bergen und dachten nicht an zu Hause.

Als wir zurückkamen, wechselte der Kaktus wie jedes Jahr seinen Platz und stand wieder auf dem Balkon. Seine Knospen waren noch länger geworden. Die Stiele bekamen ein grünliches Aussehen, die Knospen behielten das rötliche Braun. Auch einige Blatttriebe wurden dunkel, fast auberginenfarben. Die Knospen wuchsen und wuchsen sehr langsam. Unser Sommerurlaub rückte näher. Ich betrachtete den Kaktus und dachte: Nun wird er blühen, wenn wir nicht da sind, und wir werden das Geheimnis seiner Blüte nicht kennen lernen.

Wir fuhren nach Südtirol. Dort gab es herrliche Bergwiesen mit Blumen in allen Farben. Wir vergaßen den Kaktus.

Anfang Juli kamen wir zurück. Fünf Knospen von unserem Kaktus hatten inzwischen eine Länge von etwa 15 Zentimetern. Sie waren in der Farbe noch dunkler geworden und erinnerten in der Form an eine kleine Zucchini. Einen Tag später öffnete sich die erste Knospe. Wir sahen eine Blüte, die der Königin der Nacht auf dem Bild meines Onkels glich. Sie war unbeschreiblich schön. Die dunklen äußeren Blütenblätter, die die Knospe bisher umschlossen hielten, hatten sich nach außen gebogen und umgaben die Blüte wie ein Strahlenkranz. Ihre innere Seite war lindgrün. Die Blüte selbst hing an dem Stiel wie eine Glocke. Sie bestand aus zarten weißen Blütenblättern, die am unteren Rand erst oval und dann spitz zuliefen. Das Innere war angefüllt mit einer Menge feiner hellgelber Staubgefäße und einem kräftigen weißen Stempel in der Mitte, der wie ein Klöppel aus der Glocke heraushing. Die Blüte war so groß und schwer, dass sich der Stiel, an dem sie hing, weit nach unten gebogen hatte und ein wenig auf- und abwippte. Mit Hilfe dieser Bewegung verströmte sie auf

13

dem Balkon einen feinherben fremdländischen Duft. Nach dem ersten Staunen holte ich den Fotoapparat, um das Ereignis im Bild fest zu halten. Während der nächsten Tage gingen vier weitere Knospen auf. Jede Blüte war nur einen Tag geöffnet. Dann fiel sie in sich zusammen und hing schlaff herunter. Dabei verblassten die Farben. Etwa eine Woche später löste sich der Stiel vom Trieb, auf dem eine kreisrunde Narbe – so groß wie ein Hühnerauge – zurückblieb, die nach und nach verholzte. Der Kaktus sah wieder unansehnlich aus und nichts erinnerte mehr an das Strahlen seiner Blüten.

Eine Woche später ging ich mit den Fotos zu Gärtner Wilhelm. Ich wollte Gewissheit haben. Er betrachtete sie genau. Dann sagte er bedächtig: „Ja, die Blüte ist der einer Königin der Nacht sehr ähnlich, aber es ist keine. Dieser Kaktus gehört zur Familie Epiphyllum wie unser Weihnachtskaktus."

Angela

Als ich Angela zum ersten Mal begegnete, stand sie mit ihrer Klassenlehrerin Frau Hauck auf dem Schulhof. Mir fielen sofort ihre Augen auf. Sie hatte den Kopf nach rechts geneigt und sah mich neugierig, fast herausfordernd an. Dabei lächelte sie und wirkte selbstbewusst. Sie strahlte Gelassenheit aus, und in ihrer Nähe schien die Zeit still zu stehen. Sie beeindruckte mich so, dass ich sprachlos war, bis ich merkte, dass sie nicht reden konnte. Sie machte eine kleine Drehung mit ihrem elektrischen Rollstuhl, um uns besser beobachten zu können. Dabei wäre eine Tafel, die auf ihrem Schoß lag, beinahe heruntergefallen. Frau Hauck konnte dies gerade noch verhindern. Angela lachte lautlos und hielt die Tafel mit einer ruckartigen Bewegung fest. Dann deutete sie mit dem Zeigefinger ihrer rechten Hand auf Buchstaben, und Frau Hauck „übersetzte", wobei Angela jedes Mal kräftig nickte, wenn ihre Lehrerin ein Wort richtig erriet: „W...a...was w...i...will di...die F...r...Frau h...i...e hier?"

„Sie möchte unsere Schule kennen lernen", sagte Frau Hauck.

Und: „Musst du nicht zur Krankengymnastik?" Angela nickte, wendete mit Druck auf einen Knopf ihren Rollstuhl und fuhr mit beachtlichem Tempo davon. Jetzt sah ich auch mindestens ein Dutzend anderer Schüler, die sich mit erstaunlicher Geschicklichkeit in ihren Rollstühlen bewegten. Etwas weiter entfernt konnte ich sogar beobachten, dass einige in ihren Kinderrollstühlen Fangen spielten. Mit meinen Gedanken wieder bei Angela fragte ich: „Weshalb geht sie zur Krankengymnastik?" „Angela leidet aufgrund ihrer Lähmung an Durchblutungsstörungen. Deshalb ist die regelmäßige Krankengymnastik für sie sehr wichtig." Frau Hauck hatte jetzt eine unterrichtsfreie Stunde. Ich kannte sie durch einen Arbeitskreis für Berufsberatung in der Schule, in dem wir beide mitwirkten, und hatte sie gebeten, mir das Schulgelände zu zeigen, weil ich bisher nie mit einer Schule dieser Art Kontakt hatte und mir ein Bild von ihr machen wollte. Wir besichtigten das Schul- und Verwaltungsgebäude, das Internat und die Therapieräume. Mir fiel besonders auf, wie groß die Zimmer im Internat und wie breit die Türen waren. Außerdem befand sich in jedem der dreistöckigen Gebäude ein Fahrstuhl. „Das ist notwendig für die Elektrorollstühle", sagte Frau Hauck. Dann lud sie mich ein, mit ihr in die Cafeteria zu gehen, die kürzlich eröffnet worden war. Auf dem Weg dorthin musste ich wieder an Angela denken. Ich wollte mehr über sie erfahren, und Frau Hauck erzählte bereitwillig: „Angela ist seit sechs Wochen meine Schülerin. Am Anfang war es nicht leicht, den Buchstabierungen auf ihrem ABC-Brett zu folgen. Wenn sie etwas sagen wollte, machte sie sich mit der Hupe an ihrem Rollstuhl bemerkbar. Und sie wollte oft etwas sagen! Sie versteht es, auch stimmlos ihre Mitmenschen ins Gespräch zu ziehen. Von ihren Mitschülern wurde sie anfangs wortlos gemustert. Sie trauten sich nicht, auf Angela zuzugehen. Angela reagierte, indem sie den Kontakt suchte. Es gelang ihr, durch unbefangenes Verhalten die Zurückhaltung ihrer Klassenkameraden zu beseitigen. Zu meiner Überraschung wurde sie vor einer Woche zur Klassensprecherin gewählt."

Wir hatten die Cafeteria erreicht. Am Buffet stellten wir uns ein Frühstück zusammen. Dann setzten wir uns mit unseren Tabletts an einen Tisch am Fenster. Hier hatte man einen malerischen Blick auf einen kleinen Teich und einen alten Kastanienbaum, von dem ab und zu Kastanien ins Wasser plumpsten. „Wo hat Angela gelebt, bevor sie hierher kam?", wollte ich wissen. „Zu Hause bei ihren Eltern. Der Vater ist Elektroinstallateur, ihre Mutter war Krankenschwester. Angela kam als behindertes Kind zur Welt. Ihre Mutter hat ihren Beruf aufgegeben und sich ganz der Pflege ihrer Tochter gewidmet. Sie hat sie auch täglich in ihre frühere Schule gebracht und wieder abgeholt. Im vergangenen Sommer bekam sie mit 38 Jahren ihr zweites Kind und Angela einen gesunden Bruder, den sie sehr liebt." – „Musste sie deshalb von zu Hause weg?" – „Nein, sie konnte die Schule an ihrem Wohnort nur bis zum Hauptschulabschluss besuchen und möchte auf jeden Fall den mittleren Bildungsabschluss erreichen. In den Ferien fährt sie nach Hause." – „Und wenn sie die Schule hier abgeschlossen hat, was wird dann?" – „Das wird frühestens in drei Jahren sein, denn sie ist aufgrund ihrer Lähmung sehr langsam und bekommt auf jeden Fall Schulzeitverlängerung." Während der letzten Sätze waren wir aufgestanden und hatten unsere Tabletts in die dafür vorgesehenen Wagen geschoben. „Ich muss in den Unterricht", sagte Frau Hauck. Wir verabschiedeten uns. Ich verließ das Schulgelände mit dem Gefühl, auf einem anderen Planeten gewesen zu sein.

Im März des folgenden Jahres rief Frau Hauck mich an: „Sie wollten etwas über Angelas weitere Entwicklung erfahren. Wir werden am 11. März in einer Konferenz darüber sprechen. Möchten Sie daran teilnehmen?" – Auf meinem Kalender war für diesen Tag ein Termin eingetragen, aber den konnte ich verschieben. Ich fragte: „Ist der Schulleiter mit meiner Teilnahme einverstanden?" – „Ja, Angela hat auch nichts dagegen."

Die Konferenz fand im Verwaltungsgebäude der Schule statt. Die junge Frau in der Anmeldung schickte mich drei Türen weiter zu einem Sitzungssaal: „Da, wo es so laut ist", sagte sie lächelnd. Tatsächlich, das Stimmengewirr war unüberhörbar. Klopfen brachte nichts. Also trat ich ein. Frau Hauck begrüßte mich, machte mich mit dem Schulleiter bekannt, und er stellte mir sein Kollegium vor: „Frau Hauck kennen Sie. Neben ihr sitzt unser Schulpsychologe Herr P., dann Frau G., unsere Krankengymnastin, die heute auch die Ergotherapie vertritt. Danach kommt Frau O., die Angela als Erzieherin im Internat betreut und neben ihr Herr M. vom Landeswohlfahrtsverband und Herr B. von der Arbeitsverwaltung." – Mir schwirrte der Kopf, und ich war froh, auf dem letzten freien Stuhl Platz nehmen zu dürfen. Die Diskussion der Teilnehmer, die durch mein Auftreten kurz unterbrochen war, lebte wieder auf. Mir kam es vor, als redete jeder mit jedem, bis der Schulleiter erneut das Wort ergriff. „Ich möchte Sie bitten, dass wir nun über Angela sprechen." Sofort war es still.

Angela wurde als liebenswerte und einsatzbereite Schülerin geschildert. „Sie nimmt lebhaft am Unterricht teil, ist sehr ehrgeizig und die zweitbeste in der Klasse", lobte Frau Hauck. Die Krankengymnastin gab zu bedenken, dass Angelas Lähmung fortschreitend sei und sie sich nicht überanstrengen dürfte. Außerdem wurde darüber diskutiert, wie sie durch technische Hilfsmittel, zum Beispiel eine Sondertastatur am Computer, unterstützt werden könnte. Da man sich jedoch nicht einigen konnte, ob der Landeswohlfahrtsverband, die Krankenkasse oder das Arbeitsamt für die Kosten aufkommen müssten, brach der Schulleiter die Diskussion ab, und Frau Hauck ging zur Tür, um Angela hereinzubitten. Sie wartete bereits in gespannter Haltung in ihrem Rollstuhl, den sie mit einer geschickten Wendung zwischen dem Stuhl ihres Schulleiters und dem von Frau Hauck platzierte. Angela hatte eine weiße Bluse an. Ihre langen Haare, die sie sonst als Pferdeschwanz trug, waren mit einem weißen Band zu einem Zopf geflochten, der über ihre linke Schulter gelegt war. Ihr Gesichtsausdruck verriet, dass sie es genoss, festlich gekleidet zu sein. Angesichts der vielen Menschen wirkte sie überhaupt nicht ängstlich, eher wach und erwartungsvoll. Auffallend war die Stille, die jetzt im Raum herrschte. Alle konzentrierten sich auf sie.

Nach der Begrüßung fragte sie der Schulleiter: „Hast du dir schon überlegt, welchen Beruf du später lernen möchtest?" Angela teilte mit Hilfe ihres ABC-Bretts und Frau Hauck mit: „A … am am l …i …e …b … liebsten E …r …z Erzieherin." Da sie nicht gleich eine Antwort bekam, fügte sie hinzu: „A …b aber i …c ich g …l …a …glaube, d …a das g …geht n …i nicht."

Frau Hauck versuchte, ihr zu Hilfe zu kommen: „Angela hat seit fast einem Jahr einen kleinen Bruder, mit dem sie sehr gern spielt. So ist ihr Wunsch, Erzieherin zu werden, entstanden." – „Wir wissen nicht, ob es geht", meinte der Schulleiter vorsichtig. „Gibt es noch einen anderen Beruf, der dir gefällt?" – „B …ü …r Bürokauffrau."

Frau Hauck ergriff erneut das Wort: „Angela würde beide Berufe gern einmal ausprobieren."

Sie wandte sich an Herrn B. vom Arbeitsamt: „Könnten Sie sie in einem Berufsbildungswerk anmelden?"

„Ja", überlegte der Berufsberater und blätterte in seiner Akte, „Angela kann vier Wochen an einer Arbeitserprobung teilnehmen. Während dieser Zeit wird im Berufsbildungswerk festgestellt, ob sie zur Bürokauffrau ausgebildet werden kann." Angela nickte kräftig zu dem Vorschlag. Sie wollte zumindest diese Möglichkeit gleich fest halten. Der

Berufsberater machte sich einen entsprechenden Vermerk und sagte: „ Der Termin wird in ungefähr sechs Monaten mitgeteilt." –

„Und die Erzieherin?", fragte Frau Hauck. Angela hob die Schultern und machte ein bedauerndes Gesicht. Der Schulleiter wollte sie trösten: „Vielleicht kannst du beim Schülerpraktikum den Beruf kennen lernen? Frau Hauck wird dir helfen, einen Platz in einem Kindergarten zu finden." Angela strahlte, als wären alle ihre Wünsche in Erfüllung gegangen. Sie wurde verabschiedet und fuhr mit Schwung aus dem Raum. Kaum war sie draußen, kehrten Lärm und Hektik wieder zurück.

Ein halbes Jahr später fuhren Frau Hauck und ich zu dem etwa 120 km entfernten Berufsbildungswerk. Angela nahm dort die vierte Woche an der Arbeitserprobung teil. Es war der letzte Tag der Herbstferien. Die Sonne schien und verbreitete noch einmal sommerliche Wärme. Frau Hauck wollte an der Abschlussbesprechung für Angela teilnehmen. Ich hatte einen Tag Urlaub genommen, weil ich ein Berufsbildungswerk kennen lernen wollte. Unterwegs fragte ich Frau Hauck: „Wie ist es Angela seit dem Herbst ergangen?" – „Gut. Sie hat sich zu einer jungen Dame entwickelt. Manchmal ist sie allerdings erschöpft. Dann fällt es ihr schwer, sich im Unterricht zu konzentrieren." Nach einer Pause fügte sie hinzu: „Seit einiger Zeit schreibt Angela Gedichte. Das letzte hat sie mir gegeben, bevor sie zur Arbeitserprobung fuhr. Ich glaube, es liegt noch im Handschuhfach. Sehen Sie mal nach." Ich fand ein zusammengefaltetes Blatt Papier. – „Darf ich es lesen?" – „Ich glaube nicht, dass Angela etwas dagegen hat. Sie zeigt ihre Gedichte Jedem, der sie sehen möchte." Ich faltete das Blatt auseinander. Das Gedicht war in großer Schrift mit Hilfe des Computers geschrieben.

20

Die Margerite

Da steht sie vor mir
schlank und schön
sie spiegelt mir die Sonne wider
das weiße Kleidchen
erst zerknittert
und in die Knospe noch gehüllt
streicht der Wind alsbald zurecht.

Freundlich lächelt sie ihm zu
so als wollt' sie danke sagen

reckt sich strahlend dann empor
und ihrer Schönheit ganz bewusst
atmet sie die Sonnenluft.

Ich staunte. „Nicht wahr", nickte Frau Hauck, „Angela hat eine gute Beobachtungsgabe und ein feines Sprachgefühl."

Wir kamen eine halbe Stunde zu früh an und suchten sie im Internat auf. Eine Erzieherin zeigte uns den Weg: „Letzte Tür rechts. Angela und Michael warten auf dem Balkon." Wir gingen den Gang hinunter und betraten einen großen Aufenthaltsraum. Rechts neben der Tür stand eine Eckbank mit einem Esstisch und vier Stühlen. Anschließend ein Geschirrschrank und daneben ein Fernseher. Auf der linken Seite befand sich eine Sitzecke. Die Balkontür stand offen. Wir sahen Angela. Sie unterhielt sich mit einem jungen Mann, der neben ihr ebenfalls im Rollstuhl saß. Sie bemerkten unser Kommen nicht. Der Anblick dieser jungen Menschen berührte uns. Wir blieben stehen. Den Inhalt ihres Gespräches konnten wir nicht verstehen, aber an der Art, wie sie einander zugewandt waren, und an ihrem Gesichtsausdruck konnten wir ablesen, dass sie sich gut verstanden. Der Zeitpunkt vom Abschlussgespräch zwang uns, sie zu stören. Wir begrüßten uns, und Frau Hauck begab sich mit Angela in das Ausbildungszentrum. Ich wollte einen Rundgang machen und später im Aufenthaltsraum auf sie warten.

Mein Spaziergang dauerte etwa eine halbe Stunde. Zunächst kam ich am Ausbildungszentrum vorbei. Durch die Fenster konnte ich Büroräume und verschiedene Werkstätten erkennen. Ein zweistöckiges Gebäude schloss sich an. Hier war die Berufsschule untergebracht. Eine Gruppe von Jugendlichen begegnete mir, denen man nicht ansah, dass sie behindert waren, aber es kamen mir auch Rollstuhlfahrer entgegen. Dann führte mich der Weg auf freies Gelände zu einem Teich. Hier waren Bäume und Sträucher gepflanzt und Blumenbeete angelegt. Und es gab viele Bänke. Auf dem Rückweg sah ich in einem Flachgebäude den Speisesaal. Es war eine großzügige und gepflegte Anlage.

Als ich wieder im Aufenthaltsraum des Internates angelangt war, nahm ich auf der Sitzecke Platz. Die Erzieherin, die uns den Weg zu Angela gezeigt hatte, steckte den Kopf zur Tür herein und fragte, ob sie etwas für mich tun könnte. Wir begannen ein Gespräch, und ich fragte: „Wer ist Michael?" – Sie lachte: „Oh, Michael ist unser Charmeur. Wir mögen ihn alle. Er ist sehr selbstständig und als guter Zuhörer beliebt. Auch wenn er anderer Meinung ist, verhält er sich immer tolerant."

„Und weshalb ist er hier?" – „Er nimmt wie Angela an einer Arbeitserprobung teil. Seine Begabung liegt im sprachlichen Bereich. Zurzeit übersetzt er ein Buch vom Englischen ins Deutsche." – „Und seine Behinderung? Hat er sie von Geburt an?"

„Nein, Michael war drei Jahre alt, als er krank wurde. Er leidet an Muskelschwund und weiß, dass seine Krankheit fortschreitet. Manchmal ist er deshalb bedrückt." Leise fügte sie hinzu: „Die Lebenserwartung bei diesen Menschen ist im Allgemeinen nicht sehr hoch."

Man rief nach der Erzieherin. Ich blickte auf den Balkon und sah sie im Geist wieder vor mir, Angela und Michael im Gespräch. Auf der Rückfahrt wollte ich von Frau

Hauck wissen: „Warum haben wir Angela nicht mitgenommen?"

„Das geht nicht. Ihr Elektrorollstuhl ist zu groß für mein Auto. Sie wird mit einem Behindertenfahrzeug abgeholt und fährt am Wochenende zu ihrer Familie." Frau Hauck wirkte grüblerisch und gar nicht gesprächig. So kannte ich sie nicht. Ich wagte nicht, nach dem Abschlussgespräch zu fragen, und so schwiegen wir. Unterwegs musste sie tanken. Ich vertrat mir inzwischen die Beine.

Als wir weiterfuhren, sagte sie: „Es sieht nicht gut aus. Angela wird die Ausbildung zur Bürokauffrau nicht bewältigen können. Vom Verstand her wäre sie dazu ohne weiteres in der Lage. Aber aufgrund ihrer Behinderung kann sie nicht alle Arbeiten, die in diesem Beruf vorkommen, ausführen und deshalb auch nicht die Prüfung machen." Frau Hauck holte Luft. „Und was nun?" fragte ich. „Es wird empfohlen, für sie einen Arbeitsplatz einzurichten, der ihren Möglichkeiten entspricht. Das ist sehr schwierig. Zunächst müsste ein Betrieb gefunden werden, in dem ein solcher Arbeitsplatz angeboten wird. Angela kann außerdem nicht den ganzen Tag arbeiten, weil es zu anstrengend für sie ist. Deshalb kommt nur eine Teilzeitbeschäftigung infrage. In ungefähr vier Wochen sollen wir den Bericht vom Berufsbildungswerk erhalten. Dann werde ich mich so schnell wie möglich mit dem Berufsberater in Verbindung setzen." Nach einer Pause fügte sie hinzu: „Was mir Sorgen macht, ist Angelas Gesundheit. Sie wollte unbedingt ein gutes Ergebnis und ist bis an die Grenzen ihrer Leistungskraft gegangen. Das Gespräch heute hat sie sehr mitgenommen."

Unsere Fahrt war zu Ende. Frau Hauck ließ mich in der Stadtmitte aussteigen.

Zwei Monate hörte ich nichts. Dann rief ich Frau Hauck an, um nach dem Bericht zu fragen. Sie teilte mir mit, dass sein Inhalt keine neuen Erkenntnisse gebracht hätte. „Und wie geht es Angela?" – „Gar nicht gut. Sie wird immer kraftloser, und ihre schulischen Leistungen lassen nach. Gestern hat sie etwas zu mir gesagt, was ich erst später begriffen habe: „Ich werde mein Gefängnis bald verlassen." Frau Haucks Stimme war heiser, und ich spürte einen Kloß im Hals.

Sechs Wochen später war Angela tot. „Lungenentzündung", sagte Frau Hauck. „Sie haben ihr so viel Penicillin gespritzt, aber ihr Körper hat nicht reagiert." Wir fuhren zur Abschiedsfeier in die Schule. Anschließend sollte Angela nach Hause gebracht werden. Wir wollten sie noch einmal sehen und wurden in einen kleinen abgedunkelten Raum geführt. Hier war sie aufgebahrt. Über ihr an der Wand hing ein Kruzifix aus Holz, rechts und links davon befanden sich zwei Ständer mit Kerzen. Angela war festlich gekleidet. Sie trug ein weißes Hemd mit einem Stehkragen. Ihre Haare waren wieder mit einem weißen Band zum Zopf geflochten, der über ihre linke Schulter gelegt war. Um ihren Kopf lagen wie ein Kranz rote Moosröschen. Ihr Gesicht war blass, die Augen geschlossen. Aber ihr Mund war ein wenig geöffnet. Für mich sah es so aus, als lächelte sie und wollte flüstern: „Ich bin frei."

Die Geschichte von Angela und Michael habe ich aufgeschrieben, weil ich möchte, dass ihr Leben nicht in Vergessenheit gerät. Sollte sie an ähnliche Schicksale von jungen Menschen erinnern, ist dies rein zufällig.

Ein Mann aus Eisenach

Jahreswende 1989/90: Die Grenze ist offen. Von der Touring werden Tagesfahrten mit dem Bus angeboten. Erfurt, Gotha, Weimar. Das ist Gerhard zu weit. Aber hier: Eisenach! „Wie oft habe ich den Kindern im Religionsunterricht von der Wartburg erzählt", ruft er aus. „Da fahren wir hin!"

In Eisenach ist es kalt und der Himmel bedeckt. Rauch kommt aus den Schornsteinen und verpestet die Luft. Das Atmen fällt schwer. Wir flüchten aus der Stadt den Berg hinauf zur Wartburg. Dort stehen die Menschen in einer langen Schlange und warten auf Einlass. Uns bleibt nichts übrig, als von einem Fuß auf den anderen zu treten und mit zu warten. Endlich erreichen wir den Eingang. Für die Frau an der Kasse ist der Andrang ungewohnt. Sie ist nervös. Ich schiebe ihr mit dem Geld eine Tafel Schokolade hin: „Für die Nerven."

„Na so was!" – Wir lachen. Unsere Gruppe wird von einer jungen Frau geführt. Wir sind begeistert von ihrer klaren Darstellung und wollen sie beschenken. Am Ende steht sie da wie das Sterntalerkind. In der rechten Hand ein Pfund Kaffee, in der linken drei Tafeln Schokolade. Sie strahlt, und wir sind dankbar für das Erlebnis mit ihr. „Wo kann man hier gut essen?", fragen wir noch.

„Gehen Sie ins Park-Hotel."

Das Park-Hotel ist geschlossen. Fünf weitere Versuche, ein geöffnetes Restaurant zu finden, scheitern ebenfalls. Wir frieren und haben Hunger. In einer kleinen Kneipe schräg gegenüber der Nikolaikirche brennt Licht. Wir gehen hinein. Die Gaststube ist voll. An einem Tisch sitzt ein dicker Mann. Er erlaubt uns widerwillig, dass wir auf zwei freien Stühlen neben ihm Platz nehmen. – Schweigen. – Unser Tischgenosse trägt eine dunkelblaue Uniform. Wir rätseln: Polizist? – Nein. Auf der Schulterklappe seiner Jacke sehen wir ein Rädchen. Also Eisenbahner. Vor ihm auf dem Tisch steht ein großes Bier. Mit der rechten Hand hält er den Henkel am Glas fest, als wolle er seinen Besitz verteidigen. Er starrt in das Gasthausgewühl und widmet sich mit großen Schlucken seinem Bier. Unverkennbar ist seine Absicht, uns nicht zur Kenntnis zu nehmen. Wir dagegen freuen uns, einem Einheimischen zu begegnen. Es ist uns wichtig, mit einem Menschen zu reden, der wie wir Deutscher ist und bisher in einem anderen Staat gelebt hat. Auf unseren ersten Gesprächsversuch reagiert er abweisend: „Ich habe Feierabend, will mein Bier trinken!" Er unterstreicht seinen Satz, indem er sein Glas anhebt und fest auf den Tisch stellt. – Punkt! – Sein Gesicht spiegelt die Anstrengung wider, zu seinen gewohnten Gedanken zurückzufinden. Wir dagegen fühlen uns wie zwei Hunde, die mit einem dritten spielen wollen. Und der macht nicht mit!

Die Kellnerin fragt uns nach unseren Wünschen. Wir bestellen: Kotelett mit Kartoffelsalat, für Gerhard ein kleines Bier und für mich ein Glas Rotwein. Dann nehmen wir einen neuen Anlauf für ein Gespräch. Wir fragen nach seinem Eindruck zur Öffnung der Grenze. Er antwortet missmutig: „Was geht mich das an? Ich bin nicht fanatisch. Man kann hier leben!" – Pause. – Dann schimpft er: „Die Züge sind nur noch in den Westen gefahren! Sie waren so überladen, dass Sicherheitsvorschriften außer Acht gelassen wurden. Die Zulieferung der Waren in der DDR war lahm gelegt. Aber wir haben uns beschwert!" Er sieht uns streng an und setzt sein Glas wieder fest auf den Tisch.

„Jetzt ist es besser." Wir nicken. Als Eisenbahner denkt er folgerichtig. Dann sagt er leise: „Wir brauchen mindestens zehn Jahre." Betroffen sehen wir ihn an. Da richtet er sich auf und betont erneut: „Ich bin nicht fanatisch. Man kann hier leben. Ich will mein Bier trinken." Sein Glas ist leer. Er geht pinkeln. Gerhard sagt: „Ich glaube, sein Weltbild ist durcheinander gekommen."

Unser Essen wird serviert. Es schmeckt gut, und wir sagen es. Man sieht uns an, als hielte man das nicht für möglich. Wir hätten gern noch eine Portion, es ist nichts mehr da. – Unser Mann kommt zurück und bestellt ein neues Bier. Wir schließen uns mit Getränken an. Ich frage, woher der Rotwein kommt. – Aus Ungarn. Da möchte ich auch mal hin: „Wo kann man als Westdeutscher im Osten Urlaub machen?" Seine Antworten sind knapp: „Rügen, Ostsee. Ich kenne das, war als Kind oft da. – Das Erzgebirge ist schön. Man muss sich rechtzeitig anmelden, dann kann man überall hin." (Er meint Listen, auf die man sich als Interessent eintragen muss.) „Waren Sie auch im Ausland?" – „Nein, wozu? – Hier bin ich König, im Ausland gelte ich nichts." – Wir fragen nach seiner Arbeit: Ausgebildet wurde er als Landmaschinenmechaniker. „Meine Mutter hat gesagt, man muss einen Beruf lernen." Jetzt ist er Zugbegleiter. Er fährt alle Strecken innerhalb der DDR, hat aber auch Innendienst. Plötzlich fragt er: „Ich war immer arm, weshalb soll ich jetzt reich sein?" Wir wissen keine Antwort, und er zieht sich wieder zurück. „Ich will mein Bier trinken." Er leert sein Glas und geht wieder pinkeln.

Der Lärm in der vollen Kneipe nimmt zu. Eine Reisegruppe bekommt noch zu essen. „Es war reserviert", sagt die Kellnerin auf unseren fragenden Blick. Ich packe die letzte Tafel Schokolade aus. Wir haben Zeit bis zur

Abfahrt des Busses und bestellen noch ein Bier und ein Glas Wein. Gerhard meint: „Vielleicht kann man mit ihm über Autos reden?"

Das klappt. Mit einem neuen Bier vor sich überschlägt er sich mit seinen Fragen: „Was kostet ein Auto bei euch?" – „Und ein gebrauchtes?" – „Wie schnell kann es fahren?" – „Habt ihr ein Auto?" – Was für eins?" – Er will alles wissen: Preis, Farbe, Ausstattung. Dabei zeigt er aufgrund seines erlernten Berufes viel technisches Verständnis. Es entwickelt sich ein Fachgespräch zwischen den Männern. Ihre gemeinsame Begeisterung für das Thema vereint sie. Schließlich entsteht eine Diskussion über das Fünf-Gang-Schongetriebe. Es will unserem Mann partout nicht in den Kopf, dass der fünfte Gang bei unserem Auto ein Schongang ist. Er springt auf: „Das müssen Sie mir gleich erklären!" – Jetzt gehen wir alle drei pinkeln.

Nach der Rückkehr an unseren Tisch versucht Gerhard, ihm zu verdeutlichen, was es mit dem fünften Gang auf sich hat: „Nehmen wir an, Sie fahren auf der Autobahn im vierten Gang 130 Stundenkilometer. Da macht der Motor – sagen wir – 4000 Umdrehungen. Wenn Sie in den fünften Gang schalten, wird die Motordrehzahl durch eine andere Getriebeübersetzung gesenkt von beispielsweise 4000 auf 3000 Umdrehungen. Dadurch haben Sie weniger Benzinverbrauch und einen ruhigeren Motorlauf. Dies ist jedoch nur möglich auf ebenem Gelände. Bei einer Steigung von zum Beispiel acht Prozent müssten Sie in den vierten Gang zurückschalten." – Unser Mann kann es nicht fassen: „Aber man beschleunigt doch mit den Gängen, also auch mit dem fünften!?" Gerhard fährt fort: „Wenn Sie bei 130 Stundenkilometern in den fünften Gang schalten, haben Sie in der Regel nicht die Höchstgeschwindigkeit erreicht. Diese beträgt vielleicht 200 Stundenkilometer. Eine

Beschleunigung mit dem fünften Gang ist zwar möglich, die Höchstgeschwindigkeit erreichen Sie jedoch nicht. Dafür müssen Sie in den vierten Gang zurückschalten. Dann wird der Motor allerdings sehr laut."

Ich sehe auf die Uhr: „Wir müssen zum Bus!" – Gerhard fügt seiner Erklärung schnell noch hinzu: „Das ist alles eine Sache der Auslegung des Getriebes und bei jedem Auto anders. So entspricht der fünfte Gang eines Sportgetriebes dem vierten Gang eines Schongetriebes." – Im Gesicht unseres Mannes ist nur noch Staunen. – Wir stehen auf. „Das", meint er, „war jetzt aber ein sehr interessantes Gespräch!" Wir verabschieden uns herzlich und mit kräftigem Händedruck.

Griechin und türkischer Teppich

An der Wand neben meinem Sekretär hängt ein türkischer Gebetsteppich. Er wurde nach einem alten Muster hergestellt. Auf grünem und beigem Untergrund sind fantastische Blumen, aber auch Bäume und Sträucher in braunen, grünen und roten Tönen zu sehen. Bei genauer Betrachtung entdeckt man unter den Bäumen versteckt zwei bunte Vögel. Die Abbildung von Tieren war in alter Zeit verboten. Deshalb ist dies ungewöhnlich. Eingerahmt ist die Darstellung von einer Blumenbordüre auf dunkelblauem Untergrund. Sie wird von einem roten Streifen, der wie ein Band wirkt, abgeschlossen. Vor kurzem bekam ich die Fotokopie einer griechischen Gestalt aus dem Fragment eines alten Reliefs geschenkt. Gezeigt wird eine junge Griechin im Profil in langem faltenreichen Gewand, die – vom Betrachter aus gesehen – eilig nach links schreitet. Ich ließ das Bild rahmen und hängte es rechts neben den Teppich, wo es meiner Ansicht nach gut hinpasst.

Eines Nachts staunte ich nicht schlecht, als ich bemerkte, dass die Fransen des Teppichs sich in Wellen nach oben und unten bewegten. Außerdem hörte ich ihn grollen. Ich wartete in gespannter Haltung, was nun passieren würde. Wieder grollte er. Dann wandte er sich missmutig mit tiefer Stimme an die Griechin, die – wie es aussah – auf ihn zuging: „Wer bist du? Komm mir ja nicht zu nahe!"

Die Griechin antwortete mit zarter, aber fester Stimme: „Ich bin eine von den Aglauriden."

„Wie bitte, wer?" fragte der Teppich.

„Ich heiße Aglauros und bin eine von den Aglauriden."

„Eine? Hoffentlich kommen nicht noch mehr von dir!"
Der Teppich schüttelte sich, so gut er konnte.

„Nein, das geht nicht", meinte die Griechin, „meine Schwestern Pandrosos und Herse sind nicht so gut erhalten."

„Das beruhigt mich. – Wo seid ihr denn her?"

„Aus Attika in Griechenland." – Nach einer Pause fragte Aglauros: „Und wer bist du?"

„Das sieht man doch! Ich bin ein türkischer Gebetsteppich. An meinem oberen Rand kannst du lesen, ich stamme von der Familie Güla aus Hereke."

„Ah", staunte Aglauros, „du bist sehr schön."

Das Kompliment machte den Teppich gesprächig. „Ja, ich bin aus Naturseide. Ein junges Mädchen hat zwei Jahre geknüpft, bis sie mich nach einem alten Vorbild hergestellt hatte."

„Geknüpft", warf Aglauros ein, „bist du nicht gewebt?"

„Nein", rief der Teppich, und seine Fransen hoben sich vor Entrüstung. „Hast du noch nie etwas von dem türkischen Doppelknoten gehört?"

„Ich glaube nicht", gab Aglauros zu.

„Ich werde es dir erklären." Der Teppich besann sich einen Augenblick, dann fuhr er fort: „Die seldschukischen Türken haben die Handknüpfkunst in den Westen der Türkei bis zur Mittelmeerküste gebracht. Das war im 12. Jahrhundert. Der doppelte Handknoten stammt von ihnen. Je mehr Knoten ein Teppich hat, umso wertvoller ist er. Bei mir sind es 14 mal 14 pro Quadratzentimeter. Das musst du dir mal vorstellen! Ein Muster wie das meine kann man nur knüpfen. Ich habe dir gesagt, ich komme aus Hereke. Das ist ungefähr 80 Kilometer von Istanbul entfernt. Die Sultane haben seinerzeit die besten Teppichkünstler des Landes dorthin befohlen. Sie mussten für die

Paläste und Moscheen kunstvolle Teppiche anfertigen. Du musst wissen, sie wenden den Gördesknoten an. Er hat seinen Namen von der Stadt Gördes."

„Oh", unterbrach ihn Aglauros, „du meinst doch nicht etwa den gordischen Knoten?"

„Was ist das?", wollte der Teppich wissen.

Aglauros raffte mit der linken Hand ihren Mantel. Der Stoff rauschte leise, und das Glas, hinter dem es für sie sehr eng war, klirrte ein wenig. Sie war stolz, von einem der berühmtesten Männer aus der griechischen Geschichte berichten zu können: „Gördes hieß im Altertum Gordion nach seinem Gründer Gordios. Er soll ein Landmann gewesen sein, der aufgrund eines Orakels zum König gekrönt wurde. An dem Wagen von Gordios, der dem Zeus geweiht war, befand sich der kunstvolle gordische Knoten. Dem, der ihn lösen konnte, wurde die Herrschaft über Asien versprochen. Und stell dir vor: Im Jahr 333 v. Chr. löste ihn Alexander der Große, indem er ihn mit dem Schwert zerhieb."

„Ganz schön brutal", meinte der Teppich.

„Na ja", lenkte Aglauros ein, „es gibt noch eine andere Darstellung von dem Chronisten Aristobulos. Der schrieb, Alexander habe den Pflock herausgenommen, der die Deichsel fest hielt, und damit die verborgenen Enden des Knotens bloßgelegt."

„Wie kommt es, dass du dich da so gut auskennst? Stammst du etwa auch aus dem Altertum?", fragte der Teppich ironisch.

Aglauros zuckte zusammen. Doch dann richtete sie sich auf und holte so tief Luft, dass das Glas erneut klirrte: „Du musst wissen, in alter Zeit waren meine Schwestern und ich göttliche Wesen – ähnlich wie die Nymphen. Wir haben Felder und Wiesen mit Tau versehen. Deshalb nannte man uns auch die Tauschwestern. Ursprünglich wurden wir auf einem Relief der attischen Kunst des 4. Jahrhunderts v. Chr. dargestellt. Es entsprach der Darstellungskunst des damals berühmten Bildhauers Praxiteles. Wissenschaftler vermuten, dass sein Sohn, Kephisodotos der Jüngere, meine Schwestern und mich in feinkörnigem Marmor gemeißelt hat. Keine leichte Arbeit, wenn du dir die Falten meines Mantels betrachtest."

„Red nicht so geschwollen daher", unterbrach der Teppich. Dann sagte er, um etwas gut zu machen: „Na ja, die Falten deines Mantels sind wirklich beeindruckend, richtig kunstvoll. – Aber wo sind deine Schwestern geblieben?"

„In römischer Zeit hat man eine Kopie von dem alten Relief, das später verschwunden ist, angefertigt. Diese wurde in den Ruinen einer römischen Villa gefunden. Sie war zum Teil zerstört. So ist von meiner Schwester Pandrosos nur die Gestalt ohne Kopf und Füße und von Herse lediglich die rechte Hand, mit der sie aus einem Kännchen Wasser gießt, erhalten."

„Und was solltet ihr darstellen, als ihr noch zu Dritt wart?", wollte der Teppich wissen.

„Wir haben getanzt", lachte Aglauros. Ich glaube, es war der Syrtos Pylaias. Aber genau weiß ich es nicht mehr. Es ist so lange her." Dann versuchte sie, den rechten Fuß zu heben, aber es war zu eng hinter dem Glas. Sie versank in Nachdenken.

Nach einer Weile brummte der Teppich: „Also wenn ich dich richtig verstanden habe, bist du neben mir die Kopie von einer Kopie."

Das traf Aglauros hart. Sie richtete sich auf. Ihre Haare sträubten sich unter der Haube, die Falten ihres Mantels rauschten. Sie wollte auf den Teppich zugehen. Das Glas zersplitterte. Es tat einen furchtbar lauten Schlag – und ich war wach.

Draußen tobte ein Gewitter. Die Gardine flatterte am offenen Fenster. Auf den nächsten Blitz folgte sofort der Donner. Ich schloss das Fenster und sah mich um: Die Griechin und der türkische Teppich hingen friedlich an der Wand. Ich hatte geträumt.

Palmsonntag

Ende März wirkt die Platja de Palma östlich von Palma de Mallorca wie eine Kurpromenade. Alte Menschen bevölkern den breiten Fußweg neben dem mit Blumen bepflanzten Grünstreifen, unter ihnen viele Spanier. Die Promenade fängt in Can Pastilla an und endet nach etwa acht Kilometern in El Arenal. Oder umgekehrt, je nachdem, wo man seinen Spaziergang beginnt. Auf der einen Seite das Meer mit dem Sandstrand, den eine Mauer begrenzt, auf der anderen Seite dicht an dicht die Boutiquen, Einkaufszentren, Cafés, Restaurants und dahinter die Hotels. Nur zweimal eine Unterbrechung durch einen kleinen Park und an anderer Stelle ein Spielplatz. In regelmäßigen Abständen befinden sich an der Promenade 15 balnearios; Kioske, bei denen man in der Hochsaison Liegen und Sonnenschirme ausleihen und eine Erfrischung zu sich nehmen kann. Die meisten von ihnen sind um diese Zeit geschlossen. Auch balneario 6, von ach so witzigen Deutschen „Ballermann sex" genannt, ist zu. – Wer nicht gut zu Fuß ist, fährt mit einer Mini-Eisenbahn die Platja de Palma entlang und genießt so die Aussicht auf das Meer. Am Strand beobachten die Menschen freie Künstler, die zum Teil beeindruckende Plastiken aus Sand formen. Mich zieht es immer wieder an die Stelle, wo ein Mann und eine Frau an einer Kreuzigungsgruppe arbeiten. Die Gestalt der Maria erscheint mir besonders gut gelungen. Ein kleiner Hund sitzt davor und bewacht eine Blechdose, in der sich einige Cents befinden. Die willkommenste Art der Anerkennung für die Künstler, der ich mich anschließe.

Eines steht fest: Wer die Landschaft und Pflanzenwelt Mallorcas kennen und lieben gelernt hat, ist enttäuscht. Nichts davon ist hier zu sehen. Alles ist zubetoniert. Selbst die Palmen, die als Allee an die Promenade gepflanzt wurden, haben Mühe, ihr Grün zur Entfaltung zu bringen. Vorteil dieses Standortes ist die ausgezeichnete Linienbusverbindung in die Hauptstadt der Insel. In zirka 30 Minuten ist man dort, kann abseits von den touristischen Attraktionen durch alte Gassen schlendern, Häuser im Jugendstil bewundern und in einem Café aus dem 18. Jahrhundert wie vor zweihundert Jahren Eis im Glas genießen. Oder man steht am Sonntag gegen die sonstige Gewohnheit früh auf und besucht eine Messe in der Kathedrale von Palma de Mallorca.

Ich nehme den Bus der Linie 15 um 8.45 Uhr, weil ich gehört habe, dass die Kathedrale am Palmsonntag besonders voll sein wird. Mir fällt auf, dass heute nicht deutsche Touristen, sondern nur Mallorquiner mitfahren. An jeder Station drängen sie in den Bus, begrüßen Bekannte, erzählen sich Neuigkeiten. Neben mir sitzt eine dicke junge Frau, die versucht, sich mit einem Mann zu unterhalten, der mindestens drei Meter entfernt von ihr steht. Um mich herum brodelt und wogt es vor Lebensfreude, und als wir durch ein besonders großes Schlagloch fahren, kreischen die Mallorquiner, als säßen sie auf der Achterbahn. Schließlich ist der Bus so voll, dass es auch keinen Stehplatz mehr gibt und der Fahrer die noch verbleibenden Stationen ignoriert. An der Placa Espana steigen die Ersten aus. Die meisten fahren wie ich bis zu Placa de Reina.

Vorsichtig überquere ich die verkehrsreiche Straße und befinde mich am Parc de la Mar zu Füßen der Kathedrale. Ich habe Zeit, also betrete ich den Park und genieße die Morgenluft. An der Begrenzungsmauer zur Küstenstraße vor der Wandkeramik von Miro erklärt die Leiterin einer Gruppe von Wanderern die Umgebung: „Oberhalb des Parks sehen Sie die Westfront der Kathedrale, unmittelbar daneben den Palast Almudeina, Sitz der Militärkommandantur von den Balearen." Ich gehe weiter. Es ist windig und der Himmel bedeckt. Der Duft von den Blüten eines Orangenbaumes kommt mir entgegen. Ich bin ganz allein im Park. Bei einer Treppe, die zum Palast hinaufführt, komme ich an einen kleinen Teich mit algengrünem Wasser. Zwei schwarze Schwäne schwimmen darauf. Ihre Schnäbel sind rot, und sie haben weiße Flügelspitzen. Ein paradiesischer Anblick. Ich drehe mich um und sehe aufs Meer. Ein Kreuzfahrtschiff läuft aus. Lautlos – wie es scheint. Mein Weg führt mich an einen Platz, von dem ich auf ein tiefer gelegenes kleines Amphitheater und ein Café blicken kann, beide um diese Zeit menschenleer. Zwischen den aufgeräumten Tischen des Cafés stehen vier riesige Dattelpalmen, über und über mit leuchtend orange-braunen Früchten beladen. – Ich wende mich um und laufe einen anderen Weg zurück bis zu einer breiten Treppe, die zum Hauptportal der Kathedrale hinaufführt. Mein Anstieg wird unterbrochen, als mir eine junge Mallorquinerin einen Ölzweig entgegenhält. Ich greife in die linke Manteltasche und finde ein paar Geldmünzen, die sie lachend entgegennimmt. Das Portemonnaie mit den Scheinen bleibt vorsichtshalber in der rechten Tasche.

Mit meinem Olivenzweig steige ich weiter bergauf und erreiche schließlich das Hauptportal. Zu meiner Verwunderung ist es fest verschlossen. Auch sehe ich keine Menschen davor. Ich gehe zur Placa de la Almudaina. Ein völlig anderes Bild: Mallorquiner stehen in Gruppen zusammen, laufen hin und her, Kinder rennen herum, alle sind festlich gekleidet. Die meisten von ihnen halten einen Ölzweig in der Hand. Junge Mädchen und ältere Frauen sitzen im Schatten der Kirchenmauer und verkaufen Zweige. Ich betrachte meinen, und mir wird klar, dass er für den heutigen Palmsonntag eine besondere Bedeutung hat.

Ein Seiteneingang zur Kathedrale ist geöffnet. Neben dem Portal steht ein Polizist. Er lässt mich ungehindert eintreten. Drinnen ist es dunkel. Ich bleibe stehen, bis meine Augen sich daran gewöhnt haben. 9.50 Uhr zeigt meine Uhr an. In den vorderen Reihen sitzen einige Dutzend Menschen, die sich fast lautlos verhalten.

Ich gehe nach hinten und entscheide mich schließlich für einen Platz auf der linken Seite am Gang. Von hier sehe ich den Altar, die Blumenrosette darüber, die Kanzel und die Orgel. So hoffe ich, der Messe folgen zu können, auch wenn ich die Sprache nicht verstehe.

Um zehn Uhr zündet ein Priester die Kerzen auf dem Altar an und macht Licht. Unzählige Glühbirnen in dem Baldachin über dem Marmoraltar leuchten wie ein Sternenhimmel. Die Glocken beginnen zu läuten. Kurz darauf höre ich hinter mir ein krachendes Geräusch. Ich drehe mich um. An der Innenseite des Hauptportals steht ein Mann etwa fünf Meter hoch auf einer Alu-Leiter. Er entriegelt die doppelt so hohe Tür und schließt sie auf, erst die rechte, dann die linke Seite. Das Hauptportal wird geöffnet. Zuerst dringt das Tageslicht herein. Ihm folgen festlich gekleidete Priester, die Palmwedel aus Holzspan, verziert mit leuchtend bunten Kugeln tragen. Hinter ihnen die Messknaben und dann strömen Hunderte von Menschen in die Kathedrale. Sie laufen hin und her, suchen nach Plätzen, stehen wieder auf, weil sie meinen, einen besseren gefunden zu haben. In der vorher so stillen Kathedrale herrscht ein Treiben, das kein Ende nehmen will. Auf der anderen Seite des Ganges beobachte ich zwei Jungen, die ungeduldig ihre Ölzweige abwechselnd auf den Boden schlagen. Endlich haben alle einen Platz gefunden. Die Messe beginnt.

Nach einem Orgelspiel, welches das gewaltige Gotteshaus mit seiner beeindruckenden Akustik erfüllt, erklingt die helle Stimme eines Tenors, gefolgt von einem Männerchor, der so herrlich a capella singt, dass alle Anwesenden andächtig zuhören. Nun treten drei Priester vor den Hochaltar und verkünden mit verteilten Rollen eine Geschichte aus dem Neuen Testament. Ich höre eine hohe und eine tiefe Stimme im Gespräch, während eine mittlere den verbindenden Text spricht. Zwei immer wiederkehrende Worte verstehe ich: „Senor" und „Galiläa". Es folgt die Predigt, deren Inhalt mir verschlossen bleibt. Dafür habe ich Gelegenheit, die Kanzel mit ihren Flachreliefs aus dem 16. Jahrhundert zu bewundern. Auch wenn ich die Darstellungen aus dem Evangelium von meinem Platz nicht im Detail erkennen kann, empfinde ich die Harmonie der Gestaltung. – An die Predigt schließt sich das „Credo" an. Alle Anwesenden stehen auf. Knien – wie es bei uns in der katholischen Kirche üblich ist – sehe ich niemanden.

Während der Messe ist viel Bewegung in der Kathedrale. Die Mallorquiner laufen hin und her, Plätze werden getauscht, Kinder werden unruhig. Ein Fernsehteam macht Aufnahmen. Auch das Licht verändert sich ständig. Es hängt davon ab, wie die Sonne sich gegenüber den Wolken durchsetzen kann. Je nach Helligkeit wechselt die Intensität der Farben von dem Blütendekor der Rosette. Das Licht spielt mit den grünen, blauen, roten, gelben und grauen Glasstücken. Es erweckt den Eindruck, als würden sie tanzen. Wenn sich die Sonne für Augenblicke voll durchsetzen kann, hört der Farbentanz auf und alle Blüten der Rosette strahlen einheitlich wie zur Fermate einer Orgelmusik.

Die Kollekte beginnt. Priester und Messknaben schwärmen vom Altar aus in das Kirchenschiff, verteilen sich zwischen den Bankreihen und sammeln. Danach beginnt das Abendmahl. Die Gläubigen gehen zu den Priestern, die über den Kirchenraum verteilt in den Seitenschiffen stehen, und empfangen die Hostie. Schließlich sind alle wieder an ihren Plätzen. Wir beten das Vaterunser. Kaum ist es zu Ende gesprochen, schütteln sich ringsum die Mallorquiner die Hände. Auch mir gibt meine Nachbarin spontan die Hand.

Die Ersten verlassen die Kathedrale. Sie benutzen den Seiteneingang, durch den ich gekommen bin. Ich zögere und komme dadurch in den Genuss, den Männerchor noch einmal zu hören und ein Orgelspiel, bei dem der Organist alle Register zieht, jedenfalls kommt es mir so vor. Dann ertönt der Ruf. „Item missa est!" Das Hauptportal wird geöffnet. Die Messe ist aus.

Mutti Kothe

An einem sonnigen Septembertag im Jahr 1956 kam ich am Nachmittag mit dem Zug in Kassel-Wilhelmshöhe an, schleppte meinen Koffer in den Heideweg 23 und klingelte vergebens. Es war niemand da. Erwartungsvoll betrachtete ich das Einfamilienhaus, in dem ich ab heute wohnen sollte, den kleinen Vorgarten, der von einem Stafettenzaun begrenzt wurde, und das Gartentor mit dem Schild „H. Kothe". Mir war beklommen zumute. Ich hatte mit knapp zwanzig Jahren die Wohnung meiner Eltern und die Stadt, in der ich groß geworden war, verlassen, um mein Leben selbst in die Hand zu nehmen. Nun bekam ich Angst vor meiner eigenen Courage. Hilflos setzte ich mich auf meinen Koffer und wartete.

Wenig später kam eine alte Frau schwer atmend die langsam ansteigende Straße herauf. Sie winkte schon von weitem. 78 Jahre war Helene Kothe damals alt. Ihr schmales Gesicht wurde von weißen Locken eingerahmt. Ihre blauen Augen zwinkerten mich lustig an. Sie wirkte rund, aber nicht dick. Rheuma hatte ihre Hände und Finger versteift. Sie war einfach und dunkel gekleidet. „Ich habe Sie nicht so früh erwartet." Sie lachte mich an und versuchte, ruhiger zu atmen. Dabei legte sie die rechte Hand über die linke Brust: „Das Herz. Ja, ja, das Herz!" Sie musterte mich und mein Gepäck und schloss das Gartentor auf. Wir gingen mit wenigen Schritten durch den Vorgarten und dann einige Stufen hinauf bis zur Haustür. „Kommen Sie", rief sie, nachdem sie die Tür geöffnet hatte, „kommen Sie doch herein!" Ich betrat den Hausflur und stellte meinen Koffer neben die Garderobe. „Jetzt zeige ich Ihnen das Haus und

Ihr Zimmer. Dann trinken wir Kaffee, ja?" Ich nickte dankbar. Meine Beklommenheit wich einem behaglicheren Gefühl. Die Besitzerin des Hauses führte mich im unteren Stockwerk in ihr Wohn- und Esszimmer. Ich erfuhr, dass es bei besonderen Gelegenheiten benutzt wurde. Nur gegen Abend saß sie auf der Couch und hörte Radio, am liebsten Walzer. Dabei dachte sie an Heinrich, ihren verstorbenen Mann. – Wir gingen in die Küche. Am Fenster stand ein Tisch mit drei Stühlen. „Hier werden Sie frühstücken", sagte sie, zeigte mir die Speisekammer und ein Fach, in dem ich meine Lebensmittel aufbewahren konnte. „Kaffee bekommen Sie von mir." – Wir verließen die Küche und stiegen die mit einem Teppichläufer belegte Holztreppe hinauf in den ersten Stock. Jede Stufe knarrte. Als wir oben waren, erklärte sie nach Luft ringend: „Wir sind ein „Dreimäderlhaus" und zeigte auf vier geschlossene Türen. „Rechts ist das Bad. Daneben wohnt Roswitha, dann kommt mein Schlafzimmer, und hier ist Ihr Zimmer." Sie öffnete die Tür neben der Treppe. Ich betrat einen winzigen Raum, in dem ein Bett, ein Tisch und zwei Stühle, eine Kommode und ein Ofen Platz hatten. Suchend sah ich mich um. Meine Vermieterin erriet meine Gedanken: „Ihr Kleiderschrank steht auf dem Flur." Ich ging zum Fenster und sah in den Garten. Er war mit Rasen und Obstbäumen bewachsen. Wieder im Treppenhaus redete sie mir gut zu : „Ich weiß, das Zimmer ist klein. Roswitha hat ein größeres zur Straße hin. Sie ist verlobt und wird bald heiraten. Dann können Sie in ihr Zimmer umziehen. Es kostet 20 Mark mehr." Für mein Zimmer zahlte ich 30 Mark Ich bewohnte es drei Jahre. Roswitha heiratete nicht.

Später beim Kaffee forderte sie mich auf: „Sagen Sie Mutti Kothe zu mir! Alle nennen mich so." Ich fühlte mich immer heimischer. Der Zwetschgenkuchen schmeckte herrlich. „Ja, die Zwetschgen sind reif und müssen geerntet werden. Meine Nichte hilft mir dabei." – Dann belehrte sie mich, dass die Bewohner ihrer Heimatstadt Kassel entweder Kassler, Kasselaner oder Kasselener waren. „Es hängt davon ab, wie lange sie hier leben. Sie gehören ab heute zu den Kasslern. Ich bin Kasselenerin. Ich habe immer hier gelebt und meine Eltern auch." Schließlich gab sie mir eine Kostprobe ihres Dialekts: „Henner, geh von's Drottoare, s'kimmet 'ne Dame!" Wir lachten und räumten gemeinsam den Tisch ab. Zuversichtlich ging ich in mein Zimmer und packte meinen Koffer aus.

Es begann eine Zeit der Geborgenheit für mich. Morgens um sechs Uhr stand Mutti Kothe auf. Sie weckte Roswitha und mich eine halbe Stunde später. Dann hörte ich sie die Treppe hinuntergehen, und bald duftete es im ganzen Haus nach Malzkaffee. Roswitha hatte einen weiteren Weg zur Arbeit als ich. Deshalb ging sie zuerst ins Bad. Sie hatte das Haus meistens schon verlassen, wenn ich in die Küche kam. Dort war der Tisch gedeckt, und Mutti Kothe leistete mir beim Frühstück Gesellschaft. Sie begleitete mich bis zur Haustür und wünschte mir „frohes Schaffen"! Wenn ich am späten Nachmittag nach Hause kam, saß sie meist in der Küche und fragte: „Wie war Ihr Tag?" Sie nahm Anteil an allem, was mich bewegte. Dabei fühlte ich mich frei und ging ungehindert meinen Interessen nach. Manchmal gab sie gute Ratschläge, und wenn ich Kummer hatte, was in dieser Zeit selten vorkam, holte sie eine Flasche Wein aus dem Keller und tröstete mich: „Ein Gläschen Wein tut immer gut!" – Trotz ihres Alters hielt sie ihr Haus allein in Ordnung. Im Sommer half ich ihr, den Rasen im Garten zu mähen, und wenn es im Winter schneite, bat ich sie, mich früher zu wecken, und fegte den

Schnee auf dem Gehweg vor ihrem Haus zur Seite. Die Bewegung in der Winterluft erfrischte mich. Trotzdem bestand sie darauf, mir zum Dank an solchen Tagen Bohnenkaffee zu servieren. Während der drei Jahre, die ich bei ihr wohnte, war sie nie krank. Auch wenn es ihr nicht gut ging, stand sie auf. Sie gönnte sich höchstens etwas mehr Ruhe. Klagen hörte ich sie nie.

Manchmal gab es Meinungsverschiedenheiten zwischen ihr und ihrer jüngeren Cousine, die mit ihrer Tochter, Mutti Kothes Nichte, ein Haus in der Parallelstraße bewohnte. An solchen Tagen ging Mutti Kothe zum Grab ihres Mannes und erzählte ihm von ihrem Verdruss. Im Frühjahr und Herbst wurde sein Grab frisch hergerichtet. Sie kaufte Pflanzen, und ich begleitete sie zum Wilhelmshöher Friedhof, um ihr beim Tragen zu helfen. Heinrich Kothe war bereits mehr als zehn Jahre tot, in Mutti Kothes Erinnerung jedoch so lebendig, dass ich manchmal das Gefühl hatte, er säße bei uns und hörte uns lächelnd zu, wenn sie von ihm erzählte. – Sie war 22 Jahre alt, als sie ihn kennen lernte, aber ihr Vater erlaubte die Heirat erst, als Heinrich Kothe in den Staatsdienst eintrat, ein festes Einkommen nachweisen und seine Frau ernähren konnte. Sie heirateten an ihrem 27. Geburtstag. „Ja, so war das damals", lachte sie, als ich sie ungläubig ansah. Kinder bekamen sie nicht. „Ich hätte operiert werden müssen, aber das wollte mein Heinrich nicht." Sie sprach immer gut über ihren Mann, so als habe es nie Streit oder Differenzen gegeben. Am liebsten hörte ich die lustigen Geschichten von ihm. Sie erzählte zum Beispiel, dass er jede Woche bei seinem Stammtisch war: „Manchmal ging es hoch her, und er trank ein Glas Bier zu viel. Dann konnte er sich nicht mehr allein ausziehen. Ich half ihm, und nach jedem Kleidungsstück, das er ablegte, verbeugte er sich vor mir und sagte: ,Dankeschön, sehr liebenswürdig.' Einmal berichtete sie von einem Stammtischgenossen ihres Mannes, der seine Frau mit einer Freundin betrog, die er immer am Auetor traf. „Das ist ein Eingang zu dem Park die Karlsaue. Seine Frau kam dahinter und rächte sich. Wissen Sie wie?" Ohne eine Antwort von mir abzuwarten, fuhr Mutti Kothe augenzwinkernd fort: „Sie ließ ihn so lange ,Liebe machen', bis er nicht mehr ,konnte'. Dann sagte sie: „So, jetzt geh ans Auetor und blamier dich! – Der Satz wurde am Stammtisch von Heinrich für lange Zeit zum geflügelten Wort."

Wenn Mutti Kothe an den Tod ihres Mannes dachte, kamen ihr die Tränen. „Mein Heinrich war nie krank. An einem Abend sagte er nach dem Essen: ,Ich bin so müde.' Er legte sich auf die Couch im Wohnzimmer und schlief ein. Er ist nicht mehr aufgewacht." Sie wischte sich die Tränen ab, holte tief Luft und sagte: „Für ihn war es ein schöner Tod."

Mutti Kothe ging selten aus. Jeden Monat fand ein Kaffeekränzchen statt, bei dem sich vier Witwen abwechselnd in ihren Häusern trafen. Wenn das Kaffeekränzchen bei ihr tagte, ging es im Wohnzimmer laut und fröhlich zu. Einmal fragte ich sie, was denn so lustig gewesen wäre. Sie antwortete, eine Kränzchenschwester habe ausgerufen: „Ach, wenn ich mich doch noch einmal mit meinem Mann streiten könnte!" – „Warum?", wollten die anderen wissen. „Die Versöhnung war immer so schön!"

Für den Winter hatte Mutti Kothe ein Abonnement im Theater. Zur Vorstellung trug sie ein schwarzes Kleid mit einem weißen Spitzenkragen, goldene Ohrringe mit einem kleinen Rubin – ein Geschenk ihres Mannes – und eine lange goldene Kette. Sie schminkte sich, legte Rouge auf ihre Wangen auf und malte sich ihre Lippen rot an. Manchmal wurde sie von ihrer Nichte mit dem Auto ins Theater gebracht, sonst nahm sie ein Taxi. Sie kannte die Schauspieler und Sänger und wusste, welche Rollen sie spielten. Die Namen der Theaterstücke behielt sie nur ungefähr. Der Belagerungszustand von Camus hieß bei ihr „Belastungszustand", die Oper Idomeneo von Mozart „Idiome" und Tristan und Isolde von Richard Wagner nannte sie „Tristan oder wie soll sie?" Wenn ich sie verbessern wollte, meinte sie: „Ach, es ist doch egal, wie es heißt. Hauptsache, die Aufführung ist schön."

So verging meine Zeit bei Mutti Kothe. Nachdem ich von Kassel weggezogen war, besuchte ich sie noch einige Male. Dann verloren wir uns aus den Augen. – Erst Jahre später kam ich wieder nach Kassel. Ich hatte beruflich einige Tage dort zu tun. Es war März, kalt, windig und der Himmel bedeckt, als ich an einem Nachmittag zum Heideweg 23 fuhr. Gartentor und Zaun waren nicht mehr da, und ich sah kein Namensschild an der Tür. Da wusste ich, wo ich Mutti Kothe finden würde. Ich ging zum Friedhof. Unterwegs kaufte ich eine Primel. Als ich das Friedhofstor erreichte, fing es an zu schneien. Die Schneeflocken veranstalteten im Wind einen wilden Tanz. Zwei Menschen kamen mir entgegen und verließen eilig den Friedhof. Sonst niemand weit und breit. Ich suchte das Grab. In dieser Reihe müsste es sein. Nein, vielleicht in der nächsten? Auch nicht. Ratlos blieb ich stehen Auf einmal Blitz und Donner. Ich dachte an „Don Giovanni" und eilte zum Ausgang. Dort blieb ich wieder stehen und überlegte: Was mache ich mit der Primel? Ich sah mich um. Es war wieder still. Der Wind legte sich, und die Schneeflocken fielen langsam vom Himmel. Einen Versuch wollte ich noch wagen. Ich ging erneut in die Richtung, wo ich das Grab vermutete. Auf einmal war es, als würde ich hingezogen,

46

und einen Augenblick später stand ich davor: Heinrich und Helene Kothe. Hier waren sie wieder vereint. In Gedanken zwinkerte mir Mutti Kothe zu – wie damals, als ich in ihr Haus kam. Ich stellte meine Primel auf das Grab. Im Nu war sie eingeschneit. Dann verließ ich nachdenklich und ohne Hast den Friedhof.

Amor, Amor!

Es geschah in der Zeit, als die U 7 noch nicht gebaut war und die Straßenbahn Linie 18 fuhr. Sie kam von Praunheim, einem Vorort im Westen von Frankfurt, zum Hauptbahnhof, fuhr dann durch die Innenstadt, wobei sie Römer und Rathaus passierte, zum Ostbahnhof, schlängelte sich gemächlich auf der Hanauer Landstraße entlang, bog schließlich an der Ratswegbrücke links ab zum Riederwald und endete am Volkshaus in Enkheim, einem Vorort im Osten von Frankfurt. Hier wendete sie, nachdem die Fahrgäste ausgestiegen waren, quietschend in einem fast kreisrunden Bogen, um nach der für den Fahrer vorgeschriebenen Ruhepause nach Praunheim zurückzukehren.

Eine Abordnung für den Monat Mai zur Dienststelle in Frankfurt sorgte dafür, dass ich in den Genuss kam, die Linie 18 und einige ihrer Fahrgäste kennen zu lernen. Mein Vorgesetzter hatte mir unmissverständlich mitgeteilt, dass auf dem Gelände, das zum Dienstgebäude gehörte, kein Parkplatz für mich zur Verfügung gestellt werden konnte. Es wäre deshalb unsinnig gewesen, mit dem Auto zu fahren, denn abgesehen von dem allmorgendlichen Stau im Riederwald hätte ich in der Innenstadt schwerlich einen Parkplatz gefunden oder Strafzettel riskiert. Also kaufte ich mir eine Monatskarte, um meine Dienstfahrten mit der Straßenbahn anzutreten.

Ich entnahm dem Fahrplan, dass die Linie 18 während des Berufsverkehrs im Abstand von zehn Minuten in Enkheim abfuhr, und errechnete unter Berücksichtigung des Fußwegs von meiner Wohnung zur Haltestelle, der Fahrzeit und der Schritte, die mich durch einen kleinen Park zur

Dienststelle brachten, dass ich die Straßenbahn um sieben Uhr erreichen musste, wenn ich pünktlich bei Dienstbeginn im Amt sein wollte. Gleich am ersten Tag stellte ich fest, dass es in der Straßenbahn zog, weil Fahrgäste, nachdem sie eingestiegen waren, Fenster öffneten. Dagegen Einspruch zu erheben war sinnlos, denn kaum war ein Fenster geschlossen, wurde an anderer Stelle eins geöffnet. Ich konnte Zugluft nicht vertragen. Nach drei Tagen fand ich heraus, dass der Einzelplatz rechts neben der Tür im hinteren Wagenteil der am besten geschützte für mich war. Dort saß ich zwar rückwärts in Fahrtrichtung, aber das machte mir nichts aus. Ich hoffte nun, in Ruhe ein Buch lesen zu können, aber die Absicht gab ich bald auf, denn um mich herum war es so laut, dass meine Konzentration sehr beeinträchtigt wurde. Ich fing deshalb an, die Fahrt wie eine Zeit der Ruhe vor dem Arbeitstag zu genießen, machte mir höchstens ein paar Gedanken über dringend zu erledigende Aufgaben im Büro und begann, die Fahrgäste in meiner näheren Umgebung zu betrachten.

Bald fiel mir auf, dass nicht nur ich einen angestammten Sitz hatte, sondern Morgen für Morgen dieselben Menschen immer auf den gleichen Plätzen saßen oder zustiegen und zielstrebig „ihren" Platz ansteuerten. War dieser bereits besetzt, was am Volkshaus und den ersten Haltestellen danach selten vorkam, konnte ich in ihrem Gesicht Entrüstung und anschließend Verwirrung ablesen, bis sie sich nach Augenblicken ratlosen Verweilens woanders hinsetzten.

Gleichgültig, wann ich in die Straßenbahn einstieg, immer saßen mir gegenüber in der ersten Reihe links neben der Tür bereits zwei Männer, die sich so ähnlich sahen, dass ich sie nicht unterscheiden konnte. Sie mochten etwa fünfzig Jahre alt sein, hatten graue, zurückgekämmte glatte

Haare, blassblaue Augen und runde Gesichter. Sie waren von kräftiger Statur und wie Zwillinge gekleidet. Entweder trugen sie hellgraue oder beigefarbene Anzüge, weiße Hemden und weinrote Krawatten. Kragen und Schultern waren dicht mit Schuppen übersät. Ich nannte sie insgeheim die „Schuppenkönige". Sie saßen aufgerichtet nebeneinander, hielten mit den fleischigen Händen eine abgewetzte Aktentasche auf dem Schoß, die auf der rechten Seite von einer Thermosflasche ausgebeult wurde. Sie bewegten sich nicht und sprachen kein Wort miteinander. Ihre Blicke waren nach vorn gerichtet, als sähen sie in die Ferne, ihr Gesichtsausdruck glich dem einer Sphinx.

Aus Richtung Leuchte, einer Straße am Ortsrand von Enkheim, kam regelmäßig ein jüngerer Mann zur Endhaltestelle, der den Einzelsitz rechts von mir auf der anderen Seite des Ganges am Fenster einnahm und sogleich seinen schwarzen Aktenkoffer auf den Sitz gegenüber stellte, um zu verhindern, dass sich dort jemand hinsetzte. Er wollte auf diese Weise mehr „Beinfreiheit" haben. Ich schätzte ihn Mitte Dreißig. Er war groß und schlank, hatte dunkle, kurz geschnittene Haare, ein schmales Gesicht und braune Augen, die so weich wie Samt wirkten. Er trug einfarbige Hemden ohne Krawatte, darüber einen Pullover mit V-Ausschnitt im Norwegenmuster. Deshalb hieß er bei mir der „Norweger". Seine grauen Hosen hatten exakte Bügelfalten, und seine Halbschuhe waren stets blank geputzt. An kühlen Tagen hatte er eine dunkle Lederjacke bei sich, deren Farbe undefinierbar war. Noch bevor die Straßenbahn abfuhr, holte er aus dem Aktenkoffer einen grünen oder blauen Schnellhefter heraus, in dem sich EDV-Ausdrucke befanden, setzte sich eine dunkle Hornbrille auf und vertiefte sich in Tabellen, Zahlen und Texte. Mit Hilfe eines Kugelschreibers, dessen Mine er fast rhythmisch raus- und reinschnappen ließ, versah er sie mit Anmerkungen, Ausrufungs- oder Fragezeichen. Er war so versunken in seine Arbeit, dass er um sich herum nichts wahrzunehmen schien.

Wir fuhren vom Volkshaus ab und hielten zunächst an der Kruppstraße. Hier stieg jeden Morgen außer Mittwoch ein junges Mädchen von knapp 20 Jahren ein und setzte sich hinter die „Schuppenkönige" ans Fenster. Ihre Punkerfrisur bestand aus hell- und dunkelblonden Strähnen, die von ihrem Kopf abstanden und von vorn gesehen wie ein Strahlenkranz wirkten. Sie hatte runde dunkle Augen mit langen blau-schwarz getuschten Wimpern. Ihr Mund war dunkelrot geschminkt und von einem dünnen schwarzen Strich eingerahmt. Unter ihrer aufgeworfenen Oberlippe sah man die weißen Schneidezähne. Sie war klein und zierlich, trug eng anliegende Rollis in Pink oder Grasgrün und war auch sonst figurbetont gekleidet. Meistens hatte sie knapp sitzende hellblaue Jeans an, dazu eine passende kurze Jacke und dunkle Lackstiefel mit mindestens fünf Zentimeter hohen Absätzen. Über ihrer rechten Schulter hing ein kleiner schwarzer Rucksack, aus dem sie Kopfhörer und einen CD-Player herausholte. Nachdem sie eine CD eingelegt hatte, setzte sie die Kopfhörer auf, was aufgrund der Punkerfrisur nicht einfach war, und sah – nickend zum Rhythmus der Musik – aus dem Fenster. Dabei stützte sie sich mit dem Ellbogen des rechten Armes am unteren Fensterrand auf und hielt die Finger vor den Mund. Bald fing sie an, an den Fingernägeln zu knabbern, erst zaghaft, dann zunehmend heftiger. Schließlich hörte sie auf, zum Rhythmus der Musik zu nicken. Sie kniff ihre runden Augen zusammen und biss so gierig zu, dass ich befürchtete, eine Fingerkuppe müsste dran glauben. In diesem Augenblick rutschte sie mit dem aufgestützten Ellbogen ab, und die Hand fiel auf ihren Schoß. Ihr verdutzter Gesichtsausdruck entspannte sich schnell. Sie betrachtete ihre Nägel und begann von neuem, sie abzukauen. Sie erhielt von mir den Namen „Nägelkauerin".

Die Straßenbahn hielt jetzt an der Friesstraße. Hier kam ein junger Mann angerannt. Er sprang im letzten Augenblick in den Wagen, ließ sich außer Atem in die Bank parallel zur „Nägelkauerin" fallen, rutschte seitlich ans Fenster, fuhr sich mehrmals mit den langen Fingern durch die aschblonden wirren Haare, lehnte sich anschließend zurück und verschränkte die Arme über dem Bauch. Er war ein mittelgroßer, schlaksiger dürrer Typ um die Dreißig, trug meist einen blassgelben Pullover, der ihm zu weit war, beige-braunkarierte Hosen und Sandalen. Sobald die Straßenbahn sich wieder in Bewegung setzte, sah er aus dem Fenster, löste die Arme und fing an, mit dem linken Zeigefinger – ich schloss daraus, dass er Linkshänder war – zu popeln. Er vergrub die Fingerspitze abwechselnd im rechten und im linken Nasenloch. Wenn er etwas zu Tage förderte, betrachtete er seinen Fund, zerrieb ihn zwischen den Fingern und ließ die Krümel vor sich auf den Boden fallen. Damit fuhr er fort, solange sein Vorrat reichte, was erstaunlich lange der Fall war. Er war für mich der „Popler".

Die Straßenbahn hatte inzwischen die Haltestellen Gwinnerstraße und Lahmeyerstraße passiert und den Riederwald erreicht, ohne dass noch Fahrgäste zugestiegen waren. Sie hielt nun an der Schäfflestraße. Hier wartete eine Frau mit einem kleinen Yorkshire-Terrier auf dem rechten Arm und einer großen roten Einkaufstasche in der linken Hand. Sie musste die Vierzig überschritten haben.

Ihre schwarz gefärbten halblangen Haare, die toupiert und mit Haarspray fixiert waren, wirkten wie eine Haube.

Sie war so stark geschminkt, dass ihr Gesicht einer Maske glich, die entfernt an Nofretete erinnerte. Dieser Eindruck verstärkte sich durch ihren langen Hals. Das etwas zu enge schwarze Kostüm betonte ihre vollschlanke Figur. Dazu trug sie entweder eine kaminrote oder kobaltblaue Bluse und passende Pumps. Geschmückt war sie mit Fünfmarkstück großen goldfarbenen Ohrklipsen, mehreren Armreifen und einem Ring mit einem großen schwarzen Stein an ihrem rechten Mittelfinger. Ihr Hund hatte lange dunkelblonde Haare und Knopfaugen. Das Kopfhaar war zurückgekämmt und von einer Schleife in Rot oder Blau – je nach der Farbe der Bluse von seiner Besitzerin – zusammengehalten. Die Frau setzte sich vor den „Popler" ans Fenster und nahm den Yorkshire-Terrier auf den Schoß: „Putzi sitz!" Nach einer kurzen Pause fügte sie hinzu: „Setz dich, mein Mädchen, Frauchen wird sonst böse!" Putzi hörte nicht auf sie, sondern stellte sich auf die Hinterbeine, legte die Vorderpfoten auf Frauchens rechte Schulter und sah hoch aufgerichtet nach hinten und mit Hingabe dem „Popler" zu, wobei sie wiederholt lebhaft mit dem Schwanz wedelte, was Frauchen bewog, sie beruhigend zu streicheln.

Wir fuhren weiter, überquerten die Ratswegbrücke und erreichten die Hanauer Landstraße. Hier stieg als Erster der „Popler" aus. Er sprang an der Haltestelle Riederhöfe in letzter Sekunde aus dem Wagen. Als Nächste packte die „Nägelkauerin" ihre Kopfhörer in den Rucksack und verließ die Straßenbahn. Sie stelzte mit ihren Stiefeln zum Bürgersteig und verschwand in der Schwedlerstraße, nach der die Haltestelle benannt war. Kurz darauf bogen wir von der Hanauer Landstraße ab. Der „Norweger" sah auf seine Armbanduhr, verstaute Brille, Kugelschreiber und Schriftstücke in seinem Aktenkoffer und stieg am Ostbahnhof aus. Ebenso die Frau mit dem Yorkshire-Terrier. Sobald sie sich von ihrem Sitz erhob, fing Putzi hell und durchdringend zu bellen an und wurde erst wieder friedlich, wenn sie auf der Straße festen Boden unter ihren vier Beinen hatte. Wohin die „Schuppenkönige" fuhren, bekam ich nicht heraus. Wenn ich an der Zobelstraße meine Fahrt beendete, saßen sie immer noch unbeweglich da, als wäre ihr Ziel die Endhaltestelle in Praunheim.

So verlief unsere Fahrt jeden Morgen bis zu dem Tag, an dem wir durch einige Ereignisse von unseren gewohnten Verhaltensweisen abgelenkt wurden. Ich saß bereits auf meinem Platz den „Schuppenkönigen" gegenüber, als der „Norweger" einstieg. Er stellte seinen Aktenkoffer wie immer auf den Sitz gegenüber, öffnete ihn, setzte die Brille auf, holte den Kugelschreiber und dann – nicht wie gewohnt die EDV-Ausdrucke, sondern ein Notenheft heraus. Er schlug es auf und begann, mit der rechten Hand mit kleinen Bewegungen zu dirigieren, wobei er den Kugelschreiber als Taktstock benutzte und den linken Fuß rhythmisch auf- und abwippen ließ. Nachdem er ein paar Mal mit der anderen Hand umgeblättert hatte und das Musikstück offensichtlich zu Ende war, begann er von vorn und vertiefte sich immer mehr in die Musik. Mir kam es so vor, als ob sein Dirigieren von Mal zu Mal exakter wurde, wobei er mit der linken Hand für bestimmte Instrumente Einsätze zu geben schien. Es musste sich also um eine Partitur handeln. Den Namen des Komponisten konnte ich nicht entziffern, weil er klein gedruckt war und ich zu weit weg saß, aber der Titel stand in großen Buchstaben über den Noten „Amor, amor!" Mir fiel ein alter Schlager ein, der so hieß. Die Melodie hatte ich noch im Kopf. So konnte ich den Verlauf des Musikstücks mitverfolgen. Nur nebenbei bemerkte ich, dass an diesem Morgen an der Gwinner-

straße ein Mann mit vier oder fünf vollen Plastiktüten einstieg, sich neben den „Popler" setzte und seine Tüten auf
den Boden in den Gang stellte. Erst als an der Lahmeyerstraße ein jüngerer Mann dazukam, erregten beide meine
Aufmerksamkeit. Sie begrüßten sich freudig mit
„kalimera", eines der wenigen griechischen Wörter, die ich
kannte. Der Jüngere stieg etwas vornübergebeugt über die
Plastiktüten im Gang und setzte sich neben die „Nägelkauerin". Dann fingen die Männer an, sich laut und fröhlich zu
unterhalten, was ihnen von den anderen Fahrgästen unwil-
lige Blicke einbrachte. Der Ältere war um die Vierzig, klein
und rund, wie man sich einen Südländer vorstellt. In seinem braunen Gesicht fielen die Stupsnase und dunkel-
braune Augen auf. Er trug einen grauen Rollkragenpullo-
ver, der ihm zu eng war und seinen Bauch betonte. Die
grünen Hosen hatte er unten am Bein mehrfach umge-
schlagen, weil sie für ihn zu lang waren. Der Mann strahlte
eine unbändige Lebensfreude aus. Immer wieder lachte er
ausgelassen und stieß dabei den Jüngeren mit der rechten
Hand an, so dass er ihn zur Seite schob und dieser den linken Arm der „Nägelkauerin" berührte. Die ließ daraufhin
von ihren Fingernägeln ab und sah den jungen Griechen
entrüstet an. Ihr Gesichtsausdruck verwandelte sich
jedoch bald in Staunen. Auch ich war von seinem Anblick
fasziniert. Er war etwa 30 Jahre alt, sehr groß und schlank,
hatte dunkle, halblange Locken, die ein Gesicht einrahm-
ten, wie ich es von alten griechischen Vasen kannte. Wäre
er nicht modern gekleidet gewesen, ich hätte ihn für einen
Kreter aus der minoischen Zeit gehalten. Seine Gesichts-
züge waren nachdenklich, aber wenn er lachte, wirkten sie
spitzbübisch. Die Männer unterhielten sich so, als säßen
sie zu Hause in ihrem Wohnzimmer. Mit ihrer guten Laune
steckten sie die anderen Fahrgäste an. Die „Schuppenkö-

nige" sprachen auf einmal miteinander und lächelten, als wären sie aus einem Dornröscherschlaf erwacht. Die „Nägelkauerin" himmelte den jungen Griechen an. Putzis Frauchen redete liebevoll auf den kleinen Hund ein, der heute besonders häufig mit dem Schwanz wedelte. Der „Popler" hatte nämlich einen langen glitschigen Popel aus der Nase gefischt, der sich nicht zerkrümeln ließ. Er überlegte wohl, wie er ihn loswerden könnte. Dann sah er Putzi, die bettelnd jaulte, und hielt ihn ihr über die Schnauze. Mit einem Satz sprang sie hoch und schnappte danach. Frauchen erschrak und forderte Putzi energisch auf: „Sitz!" Kleinlaut folgte der Hund dem Befehl und leckte sich die Schnauze.

Für den „Popler" war es Zeit. Er wollte raus und stolperte über die Plastiktüten, fiel beinahe hin und verließ in letzter Sekunde die Straßenbahn. Die „Nägelkauerin" war so in den Anblick des jungen Mannes neben sich versunken, dass sie aus Versehen eine Haltestelle zu weit fuhr. Hier stiegen auch lebhaft gestikulierend die beiden Griechen aus, wobei der Jüngere half, die Plastiktüten zu tragen. Der „Norweger" bekam von alledem nichts mit. Er dirigierte bis zum Ostbahnhof: „Amor, amor!"

Bobby und ein Abend bei Baxes

Der Meltemi bläst ins Gesicht und zerzaust die frisch gekämmten Haare. Die Sonne verschwindet feuerrot zwischen den Bergen. In der Hafenstadt Pigadia am Ende der Bucht gehen die Lichter an. Seit einer Woche sind wir auf Karpathos, der lang gestreckten Insel zwischen Rhodos und Kreta, die im Verlauf ihrer Jahrhunderte langen Geschichte ökonomisch mit Kreta und Kleinasien verbunden war. Früher, sagt man, sei die Landschaft hier vielfältig gewesen, sanft in den Niederungen und auf den Bergen imponierend in ihrer Wildheit. Auch soll es große Pinienwälder gegeben haben. Sie sind verbrannt oder abgeholzt. Karpathos ist ein raues Eiland.

Wir sind auf dem Weg zu Baxes am anderen Ende der Bucht. Vorbei am „Vogelbaum", dem alten Eukalyptus, in dem sich die Vögel scharenweise zur Abendunterhaltung treffen. Danach die Ruinen der frühchristlichen Kirche. Hier schnell noch ein Foto von einer Touristin. Zu Hause wird sie es wegwerfen, weil es bereits zu dunkel ist. Das Meer wird ruhiger in der Dämmerung. Wir haben Hunger. Da ist es wieder, das Schild:

Taverne Baxes -----------> 1000 m
Kommen Sie essen, große Auswahl!
Schnaps und Obst umsonst

Im Abstand von jeweils 200 Metern wird die Einladung wiederholt. Wir folgen ihr. Zehn Minuten später kommen wir an dem Olivenbaum vorbei, der wie ein zweiarmiger Leuchter gewachsen ist. Dann das Hotel Venezia. Hier wird es windstill, weil ein vorgelagerter Berg den Meltemi abfängt. Umso stärker weht er danach vor Baxes Anwesen, wo er alle Tafeln mit den Speiseangeboten durcheinander gewirbelt hat. Den Eintritt in die Taverne müssen wir uns gegen den Wind erkämpfen. Dann haben wir es geschafft. Einige Tische sind bereits besetzt. Ein Ehepaar, das wir vom Strand her kennen, winkt uns zu sich.

„Bobby!", tönt es hinter der Theke. „Ne*[*]?" – Bobbys strohblonde Haare werden gerade von einer Touristin im Nacken zu einem Zopf geflochten. Aber die Mutter drängt; Bobby muss helfen. Sie trägt Brotkörbchen zu den Tischen, schleppt Biergläser und Weinflaschen und baut sie in herausfordernder Haltung vor den Gästen auf. Auf dem Rückweg zur Theke überspringt sie nacheinander zwei Stühle wie beim Hürdenlauf. Bobby ist neun Jahre alt und so groß, dass sie alles, was sie zu den Gästen schaffen soll, gerade eben auf der Theke erreichen kann. Wann immer es geht, verschwindet sie zu einem Spiel – und bei Baxes gibt es viel zu spielen – bis wieder der Ruf ertönt: „Bobby!" und die helle Kinderstimme irgendwoher antwortet: „Ne?"

Wir möchten bestellen. „Look here!" sagt Bobbys Mutter und führt uns zu den Speisen, die in großen Behältern, wie ich sie von der Kantine kenne, warm gehalten werden. Welch ein Anblick! Lammbraten, Stifado, Fisch, dazu Reis und geröstete Kartoffeln. Und das Gemüse! Außer grünen Bohnen und Erbsen in Ölsauce gibt es Okra und Paprika. Es duftet herrlich! Wir suchen unser Essen aus. Gerhard möchte ein Bier trinken. Ich will den Hauswein probieren. „Bobby!" – „Ne?" – Schon ist sie da. Ihre Mutter nimmt einen kupferfarbenen Henkeltopf vom Regal und händigt ihn ihrer Tochter aus. Bobby weiß, was sie zu tun hat.

---

* griechisch: ja

Während wir an unseren Tisch zurückkehren, klettert sie auf ein Podest rechts neben der Theke, auf dem ein großes Weinfass steht. Um mit dem Henkeltopf den Hauswein zu schöpfen, steigt sie auf einen kleinen Holzschemel. Da das Fass bereits halbleer ist, muss sie sich so weit vorbeugen, dass wir befürchten, sie könnte das Übergewicht bekommen und hineinfallen. Aber Bobby hält sich mit der linken Hand am Rand des Fasses fest und bückt sich tief, wobei ihr roter Rock nach oben rutscht und den Blick auf die weiße Unterhose freigibt. Sie hebt die Füße an und zappelt mit den dünnen Beinen, bis sie es geschafft hat, den Topf mit dem Hauswein zu füllen. Dann taucht sie mit rosigem Gesicht wieder auf, nimmt den Topf in beide Hände und bringt ihn, nachdem sie vorsichtig vom Podest gestiegen ist, an unseren Tisch. Gerhard bedeutet ihr, dass der Wein für mich ist. Sie sieht mich einen Augenblick forschend an. Dann läuft sie weg, holt das Bier und Gläser, die sie so hart auf den Tisch stellt, dass sie klirren. Jetzt wirft sie Gerhard einen Blick zu, zuckt die Achseln und verschwindet zwischen den Tischen. Wir beginnen, uns wohl zu fühlen. Ah, der erste Schluck Wein! Dann ein Blick in die Runde:

Die Taverne von Baxes besteht aus drei Bretterwänden, die vierte Wand ist ein Fenster aus durchsichtigem Plastik mit Blick zum Meer, das etwa 200 Meter entfernt ist. Metallstangen — wie ich sie von Wäschebleichen kenne — stützen das Schilfdach ab. Es gibt zwei Türen: eine zur Straße, durch die wir gekommen sind, und eine zum Strand hin, die immer offen ist. Die Holztische sind mit grünweiß-karierten Tischdecken aus Stoff gedeckt. Die Gäste sitzen entweder auf Holz- oder Plastikstühlen. Hinter der Theke befindet sich – durch einen Vorhang abgeteilt – die Küche. In einer Ecke der Taverne steht auf einem kleinen Tisch ein Fernseher. Um ihn herum türmen sich Bierfässer, auf denen mehrere Katzen herumklettern. Ein schwarzweiß gefleckter Hund, der vom Strand hereingekommen ist, sitzt davor und sieht ihnen zu.

Das Essen wird von Bobbys Mutter serviert. Sie ist etwa 30 Jahre alt, resolut, aber charmant und wünscht uns guten Appetit. Die Speisen schmecken vorzüglich und beanspruchen für eine Weile unsere ganze Aufmerksamkeit. Erst nachdem die Teller leer sind, nehmen wir wieder das Treiben in der Taverne wahr. Der Lärmpegel ist inzwischen so gestiegen, dass eine Unterhaltung mit dem Ehepaar an unserem Tisch nicht möglich ist. Ich sehe mich um. Alle Tische sind besetzt, und Frau Baxes beeilt sich, das bestellte Essen zu den Gästen zu bringen. Bobby sehe ich in einiger Entfernung an einer der Metallstangen hochklettern, um – oben angelangt – mit wehendem Rock pfeilschnell herunterzurutschen. Dann versucht es ein kleiner schmaler Junge. Es ist Bobbys Bruder Ronny, sieben Jahre alt und genauso flink wie seine Schwester. Ein größerer dicker Junge hat sich dazugesellt. Bobby und Ronny fordern ihn auf, nach oben zu klettern. Aber er schafft es nicht und bleibt auf halber Höhe hängen. Bobby und ihr Bruder zwicken ihn in den Po. Er schreit, rutscht herunter und rennt zu seinen Eltern, die beide dick sind wie er. – Bobby wird wieder zur Theke gerufen. Ronny begibt sich zu einem Tisch, an dem vier Griechen sitzen. Der eine ist sein Vater, ein schmaler Mann Mitte Dreißig. Ronny klettert auf seinen Schoß und umarmt ihn. Dabei wendet er mir sein Gesicht zu. Er hat Augen wie ein Clown. Und ständig ist er in Bewegung. Einen von den drei anderen Männern am Tisch habe ich am Flughafen beim Gepäck ausladen gesehen. Auf dem Tisch steht eine Flasche Ouzo und Wasser. Offensichtlich wollen die Männer etwas feiern.

Die Katzen, eine weiße und zwei grau getigerte, haben sich zwischen den Tischen verteilt und betteln um ihre Abendmahlzeit. Eine kleine schwarze sitzt noch auf einem Bierfass, miaut jämmerlich und traut sich nicht herunter. Bobby läuft zu ihr, schnappt sie am Nackenfell, setzt sie auf die Erde und jagt sie durch das Lokal, bis sie unter der Theke verschwindet. Den Hund hat Bobbys Mutter energisch aus der Tür zum Strand gejagt. Die weiße Katze springt auf meinen Schoß und leckt sich die Schnauze. Sie ist satt, streckt die Vorderpfoten aus, dehnt sich, legt sich hin und schnurrt, während sie von mir gekrault wird.

Der Mann vom Fluthafen und einer seiner Begleiter nehmen eine Lyra und eine Gitarre zur Hand und fangen an zu singen. Bobbys Vater und der andere Grieche stimmen mit ein. Dann springen sie auf und tanzen Hassapiko, einen alten griechischen Tanz für Männer. Ronny versucht mitzumachen, kann aber die Bewegungen nicht richtig koordinieren und schmeißt die Beine hoch wie Rumpelstilzchen. Die Stimmung wird immer besser. Die Griechen spielen jetzt den Serviko, einen Tanz, den die Touristen kennen. Ich setze die Katze auf meinen Stuhl, und wir machen mit. Wir tanzen in einer langen Schlange durch das Lokal. An meiner Rechten halte ich die Hand von Bobby. Sie strahlt. Der Tanz will kein Ende nehmen. Als wir schon ganz außer Atem sind, tanzt Bobby noch immer wie eine Feder und lacht uns an. Erst als die Mutter ruft, lässt sie mich los und rennt davon. Wir gehen erschöpft, aber vergnügt an unseren Tisch zurück. Die weiße Katze ist auf meinem Stuhl eingeschlafen. Daneben ist noch ein Platz frei. Wir wollen zahlen und erhalten mit der Rechnung beide einen Ouzo und einen Teller mit roten Weintrauben. „Von Kreta", erfahren wir und genießen unseren Nachtisch. Dann verabschieden wir uns. Bobby und ihre Mutter stehen an der Tür. Ich frage, ob Bobby ihr richtiger Name ist. Frau Baxes lacht und übersetzt ihrer Tochter meine Frage in die griechische Sprache. Bobby sieht mich ernst an und sagt in belehrendem Ton: „Kalliopi!" – „Ein schöner Name!" Stolz gibt sie uns die Hand.

Wir verlassen die Taverne. Der Wind hat sich gelegt. Es ist dunkel. Straßenlaternen gibt es nicht, aber am Himmel funkeln unzählige Sterne.

Ein Single namens Schmidt

„Wissen Sie schon, der Schmidt ist tot!?"
„Nein! Ich habe ihn doch vor zwei Wochen bei meiner
Abreise gesehen!" Frau Herzog stellte ihren Koffer ab und
ließ den Fahrstuhl, aus dem Frau Volkmann herausgetre-
ten war, wegfahren. Dann fuhr sie fort: „Er kam aus seiner
Wohnung, als ich das Haus verließ, hatte einen Aktenkoffer in der Hand und wollte zur Arbeit."

Das traf zu. Es war Schmidts letzter Arbeitstag, Dienstag, der 2o. Dezember. Um sechs Uhr wachte er auf, hörte
im Radio Nachrichten und den Wetterbericht, ging
anschließend ins Bad, nachdem er die Kaffeemaschine
angestellt hatte. Jeden Morgen das gleiche Ritual. Zum
Frühstück eine Scheibe Brot mit Butter und Marmelade,
manchmal auch Honig, zwei Tassen Kaffee. Er steckte
einen Apfel in seinen Aktenkoffer und wollte gerade seine
Wohnung im Parterre rechts verlassen, als Frau Herzog
aus dem achten Stock mit einem Koffer den Fahrstuhl verließ. Neugierig blickte sie in seinen Flur. Das war ihm egal,
aber es ärgerte ihn, so früh am Morgen einem Menschen zu
begegnen. Er grüßte kurz und täuschte Eile vor, um nicht
in ein Gespräch verwickelt zu werden.

Als er die Ampel an der Kreuzung erreichte, sprang sie
auf Rot. Er musste ziemlich lange warten. Früher hatte hier
um diese Zeit ein Polizist gestanden und den Verkehr gere-
gelt. Viele Fußgänger und Autofahrer kannten ihn, wink-
ten oder grüßten, wenn sie vorbeikamen. In der Advents-
zeit brachten sie ihm Päckchen und legten sie an dem
Podest, auf dem er stand, nieder. Seitdem es die Ampel
gab, hasteten Menschen und Autos aneinander vorbei.

Endlich Grün! Schmidt beeilte sich, auf die andere Straßenseite und zur U-Bahn-Haltestelle zu kommen. Am Fahrkartenautomaten löste er einen Einzelfahrschein. Eine Wochenkarte lohnte nicht, hatte er ausgerechnet. In der U-Bahn saßen die Menschen verschlafen und stumm. Aus dem Lautsprecher tönten die Namen der Haltestellen. Schmidt stieg an der sechsten aus. Wenig später betrat er seine Dienststelle am hinteren Eingang, steckte seine Zeitnehmerkarte in die Stechuhr und erreichte sein Büro im ersten Stock, ohne jemanden zu treffen. Er öffnete das Fenster, schloss es aber nach kurzer Zeit wieder, da sich auf der Straße zwei Männer laut stritten. Dann stellte er den Computer an und begann seine Arbeit an der Statistik.

Schmidt war überzeugt von der Richtigkeit der Zahlen, die er in Übersichten und Tabellen zusammenstellte. Dabei ignorierte er, dass durch Hinzufügen oder Weglassen von errechneten Ergebnissen ein anderer Aussagewert erzielt wurde. Er zum Beispiel würde als Arbeitsloser nicht in der Statistik erscheinen, obwohl er es in der Tat ab morgen war. Mit 57 Jahren kam er für den Arbeitsmarkt nicht mehr infrage. In drei Jahren würde er seinen Rentenantrag stellen. Die Arbeitslosenquote war niedriger, wenn man Leute wie ihn nicht zählte. Statistisch gesehen würde er drei Jahre lang weder beschäftigt noch arbeitslos noch Rentner sein. Genau genommen existierte er ab morgen nicht. Ein einziges Mal waren ihm Zweifel gekommen. In einer Statistik wurde behauptet, jeder siebte Bundesbürger sei ein Single. Wer gehörte dazu? Der Student, der während seines Studiums in einem Appartement lebte? Und die Bewohner einer Wohngemeinschaft? Waren sie Singles? – Nichtverheiratete Alleinlebende, hieß es da. – Und verheiratet Alleinlebende? – Seine Frau hatte ihn vor mehr als dreißig Jahren verlassen. Sie war mit seinem damals vierjährigen Sohn nach Amerika gegangen. Wohin, erfuhr er nicht. Es wäre sinnlos gewesen, Nachforschungen anzustellen. Irgendwann war es ihm egal bis zu dem Tag vor etwa zehn Jahren, als ein junger Mann vor seiner Tür stand und sich als sein Sohn vorstellte. Dreimal kam er ihn besuchen. Dann verschwand er, ohne eine Adresse zu hinterlassen. Für kurze Zeit kam Schmidt wieder zum Bewusstsein, wie es gewesen war, eine Familie zu haben und das Kind wachsen zu sehen. Er verdrängte diese Gedanken schnell.

Das Telefon klingelte: „Herr Schmidt, kommen Sie bitte in die Verwaltung und holen Sie Ihre Papiere ab." Der Verwaltungsleiter verabschiedete ihn: „Tut mir Leid, durch die elektronische Datenverarbeitung werden Arbeitsplätze eingespart." – Und: „Melden Sie sich bald beim Arbeitsamt. Nach Neujahr ist es immer sehr voll dort." – Wieder in seinem Büro verschickte Schmidt ein paar E-Mails – letzte Mitteilungen. Er wollte nicht telefonieren.

Kurz vor zwölf Uhr ging er zum Mittagessen. Er hoffte, um diese Zeit niemandem zu begegnen. Tatsächlich, die Kantine war leer. Er gab seine letzte Essenmarke ab, wählte das Menu 2, stellte die Suppe mit dem Gemüse von gestern, das panierte Schnitzel mit Kartoffelsalat und die rote Grütze auf ein Tablett und trug alles zu einem Tisch am Fenster. Während er aß, sah er dem Verkehr auf der Straße zu. Anschließend schob er das Tablett in den Wagen für gebrauchtes Geschirr und holte sich am Kaffeeautomaten eine Tasse Kaffee. Sein Vorrat im Büro war aufgebraucht. Als er fertig und bereits an der Tür war, kamen ihm einige Kollegen aus seiner Abteilung entgegen: „Dein letzter Arbeitstag, Schmidt. Beneidenswert! Gibst du einen aus? Wir kommen bei dir vorbei!"

Schmidt räumte sein Büro auf, schmiss überholte Statistiken aus seinem Schreibtisch in den Papierkorb. Obendrauf stellte er ein Paar alte Schuhe. Er machte den Schrank sauber, warf das Senfglas, aus dem er Wasser getrunken hatte, weg, ebenso ein bemaltes Gurkenglas, das einmal als Vase diente. Die Henkeltasse, die sein Sohn als Kind benutzt hatte, packte er in ein Küchenhandtuch und steckte sie in seinen Aktenkoffer. Dann zog er den Gummibaum, der fast bis unter die Zimmerdecke gewachsen war, aus dem Büro bis an das Fenster im Flur, goss ihn und stellte die Gießkanne daneben. Irgendjemand wird sich schon um ihn kümmern, dachte er, kehrte in sein Zimmer zurück, setzte sich an den Schreibtisch und sah gedankenverloren vor sich hin. Das Klopfen an der Tür holte ihn in die Wirklichkeit zurück. Sein Abteilungsleiter trat ein und brachte ihm eine Flasche Rotwein: „Von meinem besten", sagte er und wünschte alles Gute. – „Darf ich heute etwas früher gehen?", fragte Schmidt. – „Natürlich, am letzten Tag nehmen wir das nicht so genau." Schmidt trug die Normalzeit auf der Stechkarte ein. Sein Chef machte sein Zeichen daneben. Dann schüttelte er ihm die Hand: „Sie entschuldigen mich, ich muss zum Direktor."

Schmidt legte die Zeitkarte in sein Ablagekörbchen. Die Flasche Rotwein stellte er auf den Schreibtisch. Auf einen Zettel schrieb er: Für die Kollegen. Wenig später verließ er sein Büro über die Hintertreppe. Er sah sich nicht um und lief schnell bis zur U-Bahn-Haltestelle, als befürchtete er, verfolgt zu werden. Er wollte zur Sparkasse. Deshalb stieg er eine Haltestelle früher aus und erreichte sie zehn Minuten, bevor sie geschlossen wurde. Er warf zwei Überweisungen in den dafür bereitstehenden Kasten, ließ sich mit Hilfe seiner Checkkarte einen Kontoauszug ausdrucken und stellte fest, dass er ein Guthaben von 312 Euro hatte. Dann hob er am Geldautomaten den Betrag bis auf zwölf Euro ab und ging zum Supermarkt in der Nähe seiner

Wohnung. Schmidt lud Lebensmittel und Getränke in den Einkaufswagen, wobei er sorgfältig überlegte, was er an den Feiertagen benötigen würde. Zwei Plastiktüten wurden voll. Die Kassiererin half ihm beim Einpacken. Sie lächelte ihn an. Er merkte es nicht. „Frohe Weihnachten", wünschte sie ihm. Er nickte und verließ das Geschäft.

Zu Hause räumte er den Inhalt der Tüten in den Kühlschrank, das Brot legte er auf das Küchen-Buffet, die Bierdosen stellte er auf den Balkon. Dann schaltete er die weihnachtliche Lichterkette am Fenster an, ein Geschenk seiner Mutter, die meinte: „Sie sieht schön aus und ist praktischer als ein Adventskranz." Er hatte sich daran gewöhnt. Beim Abendessen hörte Schmidt die Nachrichten im Radio. Danach wusch er das Geschirr ab und stellte den Fernseher an. Beim ersten Bier schlief er ein und wachte erst nach Mitternacht auf. In RTL 2 lief ein Erotikfilm. Er war aufregend und turnte ihn an. Schmidt trank sein Bier aus, ging ins Bad und onanierte. Sein Samen spritzte ins Waschbecken. Anschließend legte er sich ins Bett und schlief fest bis zum Morgen.

Die nächsten Tage verbrachte er damit, seine Zweizimmerwohnung aufzuräumen. Er putzte die Fenster, wusch die Gardinen, wischte und saugte Staub. Schließlich bezog er sein Bett mit frischer Bettwäsche und legte eine Weihnachtsdecke auf den Tisch. Samstag war Heilig Abend. Am Nachmittag besuchte er seine Mutter im Altenheim. Sie war 83 Jahre alt, eine strenge, energische Frau. Dem konnte er nichts entgegenhalten. Sie hatten sich wenig zu sagen. In ihren Augen war er ein Schwächling. Er verhielt sich ihr gegenüber auch so. Nach zwei Stunden verabschiedete er sich, ohne einen neuen Besuch bei ihr zu vereinbaren. Sie ließ ihn gehen.

Die Feiertage verbrachte er in seiner Wohnung die meiste Zeit auf dem Sofa. Er blätterte in alten Illustrierten, las einen Artikel über Bewegung im Alter, der ihn eher abschreckte als überzeugte. Er fühlte sich schlapp. Am Dienstag nach Weihnachten war das Brot alle, Bier hatte er auch keins mehr. Er ging zum Supermarkt. „Hatten Sie schöne Feiertage?" fragte die Kassiererin. – Er nickte. – „Und Sylvester, was machen Sie da?" Die Kassiererin wurde durch eine Kundin abgelenkt. So musste er keine Antwort geben und konnte sich entfernen.

Die nächsten beiden Tage verbrachte er wieder zu Hause. Er konnte sich zu nichts aufraffen. Es war leer in ihm. Donnerstagnachmittag bekam er Kopfschmerzen und nahm zwei Aspirin. Am Abend schaltete er die Lichterkette am Fenster und den Fernseher an. Er setzte sich auf das Sofa. Als er die Tagesschau sah, machte es klack in seinem Kopf. Ihm wurde schwindlig. Morgen werde ich mich arbeitslos melden, dachte er. Klack machte es wieder. Dann geriet in seinem Kopf alles durcheinander. Er verlor das Bewusstsein. Es war Nacht um ihn.

„Wann ist Schmidt denn gestorben?", fragte Frau Herzog. – „So genau weiß man das nicht", gab Frau Volkmann fachmännisch Auskunft, „wahrscheinlich am 29. Dezember." „Wahrscheinlich?" „Ja, er hat ungefähr eine Woche tot in seiner Wohnung gelegen." – „Nein!" – „Doch! Ich habe mich gewundert, dass er tagsüber seine Lichterkette nicht abgestellt hat. Das tat er sonst immer. Aber ich habe nicht weiter darüber nachgedacht." – Richtig", warf Frau Herzog ein, „sie ist immer noch an. Dabei ist heute der 7. Januar." – „Am Mittwoch nach Neujahr", fuhr Frau Volkmann fort, „fing es an, im Hausflur so merkwürdig zu riechen. Hausmeister Weiß hat stundenlang gesucht, woher das kommen könnte. Schließlich klingelte er bei Schmidt.

Als der nicht öffnete, obwohl Licht bei ihm brannte, holte er die Polizei." – „Schrecklich!" Frau Herzog putzte sich die Nase. „Und woran ist er gestorben?" – Hinter vorgehaltener Hand teilte ihr Frau Volkmann mit: „Die Kriminalpolizei untersucht die näheren Umstände. Man vermutet eine Gehirnblutung." – „Hat er denn niemanden gehabt?" – „Seine Mutter, sagt Hausmeister Weiß. Schmidt soll sie Heilig Abend besucht haben." – Frau Herzog schüttelte den Kopf: „Es ist nicht zu glauben, dass niemand etwas gemerkt hat!" – „Aber Schmidt war doch nicht alt. Wer denkt da an so was", entgegnete ihr Frau Volkmann. – „Ja, ja. Ich will mal hoch in meine Wohnung und den Koffer auspacken. Machen Sie's gut."

Frau Herzog betrat den Fahrstuhl, aus dem laut schreiend vier Kinder stürmten.

„Schönen Tag noch", rief ihr Frau Volkmann zu und ging aus dem Haus.

Draußen standen die Kinder vor Schmidts Fenster und sahen auf die Lichterkette. „Bei dem ist immer noch Weihnachten", lachten sie und rannten davon."

Die Häuser von Hilde, Emma und Lotte

Hilde ist zweiundsiebzig, Emma sechsundsiebzig und Lotte neunundsechzig Jahre alt. Die drei Witwen treffen sich jeden Mittwoch zur Wassergymnastik im Hallenbad. Ihren Appetit stillen sie anschließend im Café „Violetta". Bei Kaffee und Kuchen erzählen sie sich die neuesten Ereignisse aus ihrem Leben.

„Unser Tisch am Fenster ist frei!", ruft Emma. Die Damen nehmen ihre Plätze ein. „Was darf ich Ihnen heute bringen?", fragt Eva, die Kellnerin. „Für mich Schwarzwälderkirschtorte und ein Kännchen Kaffee", bestellt Emma. – „Ich nehme den gedeckten Apfelkuchen mit Sahne und eine Tasse Schokolade." – „Und du, Hilde?" – „Ein Glas Tee. Ich habe heute keinen Hunger." – „Was ist los mit dir?" wollen Emma und Lotte wissen. „Bei der Wassergymnastik war es so lustig, aber du hast keine Miene verzogen." – „Ich habe guten Grund", seufzt Hilde. – „Nun red' schon!"

Es entwickelt sich ein Gespräch, bei dem Hilde, Emma und Lotte nachdrücklich ihren Standpunkt vertreten, weil jede ihren eigenen für den richtigen hält. Welche der drei Damen Recht hat? – Liebe Leserin, lieber Leser, urteilen Sie selbst!

Hilde: Ich habe euch von meinem Elternhaus in Pirna bei Dresden erzählt.

Lotte: Ja! Du bist die einzige Erbin und hast es zurückbekommen.

Hilde: Ich habe es verkauft.

Emma: Das ist doch toll! – Oder hättest du es lieber behalten?

Hilde: Nein, bestimmt nicht! Das Haus war zur DDR-Zeit Staatseigentum. Da wurde kein Geld für Reparaturen investiert. Die Mieter der drei Wohnungen haben zwar notdürftig das Dach geflickt; aber das Haus muss vollständig saniert werden. Und leben möchte ich dort auch nicht mehr.

Emma: Bist du mit dem Kaufpreis nicht zufrieden?

Hilde: Wenn es nur das wäre! Natürlich kann ich für mein Elternhaus in seinem jetzigen Zustand nicht so viel verlangen wie es ursprünglich wert gewesen ist. Aber das dicke Ende kommt noch!

Emma: Ja?

Lotte: Und?

Hilde: Meine Eltern haben, als das Haus in der DDR enteignet war, in Westdeutschland Lastenausgleich dafür bekommen. Das Geld soll ich jetzt zurückzahlen.

Emma: Und weshalb?

Hilde: Weil ich mein Eigentum wieder erhalten habe. Das müsst ihr euch mal vorstellen! Erst Enteignung. Die Entschädigung dafür war ohnehin gering. Und jetzt die Aufforderung zur Rückzahlung. Ich finde das unglaublich.

Emma: Aber Hilde, das ist doch nur gerecht! Mein Mann hat für die beiden Miethäuser, die er von seinen Eltern geerbt hat, seinerzeit auch Lastenausgleich bezahlt. Und bei zwölf Wohnungen war das nicht wenig.

Hilde: Das verstehe ich nicht.

Emma: Denk mal an die vielen Flüchtlinge, die nach dem Krieg aus dem Osten nach Westdeutschland kamen. Meine Eltern mussten damals eine Familie mit zwei Kindern aufnehmen. Die Leute waren aus Pommern und haben dort ein Haus besessen. Ob das stimmt, weiß ich

71

nicht. Sie haben uns Fotos gezeigt und erzählt, dass heute Polen darin wohnen. Um diese Flüchtlinge zu entschädigen, wurde von uns Westdeutschen je nach Vermögen zum Ausgleich ein finanzieller Beitrag verlangt. Deshalb heißt es Lastenausgleich.

Hilde: Das wusste ich nicht. Ich war der Meinung, die Flüchtlinge wurden vom Staat entschädigt.

Emma: Der Staat hatte damals kein Geld. Aber mein Mann hätte es auch dringend gebraucht, um die Häuser wieder instand zu setzen. Ich weiß, wovon ich rede. Vor fünf Jahren habe ich neue Fenster bestellt und mehr als 50 000 Mark hingeblättert.

Lotte: Meine Güte, so viel Geld?

Emma: Ja. Und obwohl die Häuser unter Denkmalschutz stehen, habe ich von der Denkmalpflege der Stadt keinen Pfennig Zuschuss bekommen und alles aus eigener Tasche bezahlt. – Hilde, ich kann dich nur beneiden.

Hilde: Willst du dich über mich lustig machen?

Emma: Ganz und gar nicht. Du lebst in deiner Eigentumswohnung, die dein Mann bezahlt hat, und über das Geld, das dir von dem Haus in Pirna bleibt, kannst du frei verfügen. Ich darf meine Mieteinnahmen nicht ausgeben. Ich muss immer an eine Rücklage denken. Vor einem Monat waren in zwei Wohnungen plötzlich die Gasleitungen undicht und mussten umgehend erneuert werden. Über derartige Ereignisse musst du dir keine Gedanken machen.

Hilde: Emma, wenn man dich so reden hört, hat es Lotte von uns am besten getroffen

Lotte: Ich? Wieso?

Hilde: Du hast kein Haus. Du zahlst deine Miete und basta.

Lotte: Da hast du Recht. Unser Haus ist in guten Händen. Meine Schwester und ich, wir müssen uns keine Gedanken darum machen.

Hilde: Euer Haus?

Emma: Davon hast du nie etwas erzählt.

Lotte: Da gibt es nicht viel zu berichten. Unseren Eltern gehörte in einem kleinen Dorf in Schlesien ein Einfamilienhaus mit einem schönen Garten. Dafür wurde Lastenausgleich gezahlt.

Emma: Du gehörst also auch zu den Flüchtlingen?

Lotte: Ja, wir mussten 1945 unsere Heimat verlassen.

Hilde: Und weshalb habt ihr von dem Geld in Westdeutschland nicht ein neues Haus gebaut?

Lotte: Aber Hilde, du hast doch selbst gesagt, dass deine Eltern für euer Haus in Pirna vom Lastenausgleich nur einen Teil ersetzt bekommen haben. Das Vermögen – man musste übrigens Nachweise dafür vorlegen – wurde in so genannte Schadenstufen eingeteilt. Danach wurde die Höhe des Lastenausgleichsgeldes prozentual berechnet. Emmas Mann zum Beispiel hätte sonst viel mehr in den Lastenausgleichsfond einzahlen müssen.

Emma: Das fehlte noch! Die Flüchtlinge haben damals genug abkassiert.

Hilde: Aber ihr konntet euch sicher neue Möbel kaufen?

Lotte: Leider nicht. Unser Vater war seit 1944 in Russland als vermisst gemeldet und ist nie wieder gekommen. Unsere Mutter flüchtete mit meiner Schwester und mir mehr oder weniger zu Fuß nach Westen. Der Winter 1945 war sehr kalt. Sie hat Gelenkrheuma bekommen, war viel krank und fand keine Arbeit.

Emma: Das ist ja furchtbar!

Hilde: Und wovon habt ihr gelebt?

73

Lotte: Die Rente von meinem Vater hat nicht gereicht. Deshalb wurde für das Haus in Schlesien vom Lastenausgleich Kriegsschadenrente an unsere Mutter gezahlt. Davon konnten wir unseren Lebensunterhalt bestreiten. Als unsere Mutter starb, war der Anspruch auf Entschädigung für unser Haus bis auf 1050 Mark verbraucht. Von dem Geld haben wir ihren Grabstein gekauft.

Emma: Deine Schwester und du – ihr habt nichts von dem Haus gehabt?

Lotte: Doch! Wunderschöne Jahre in der Kindheit. Die Spiele in unserem Garten werde ich nie vergessen.

Hilde: Du hast gesagt, ihr müsst euch keine Gedanken um das Haus machen. Was hast du damit gemeint?

Lotte: Vor acht Jahren bin ich nach Schlesien gefahren und auch in dem Dorf gewesen. Eine polnische Familie wohnt jetzt in dem Haus. Der Mann ist Schreiner. Er kann viel selbst reparieren. Seine Frau hat Obstbäume gepflanzt und ein Gemüsebeet angelegt. Ihre vier Kinder spielen in dem Garten wie früher meine Schwester und ich.

Hilde: Lotte, am liebsten würde ich dir das Geld überweisen, das ich an den Lastenausgleich zurückzahlen muss.

Emma: Deine soziale Einstellung ehrt dich, Hilde, aber das wird wohl nicht möglich sein.

Lotte: Emma hat Recht. Vor ein paar Wochen las ich in der Zeitung, dass viele Flüchtlinge aus dem Osten nach 1945 in der DDR geblieben sind. Dort gab es keinen Lastenausgleich. Deshalb werden sie erst heute mit dem Geld, das du und andere Hauseigentümer in der ehemaligen DDR zurückzahlen müssen, entschädigt. Es hieß, sie bekommen eine Pauschale von 4000 Mark. Das ist nicht viel nach so langer Zeit.

74

Hilde: Ja, wenn das so ist ...

Emma: Siehst du, Hilde, es geht doch nichts über die deutsch-deutsche Gerechtigkeit! – Und jetzt bestell dir ein Stück Kuchen!

Das Schicksal der Familie Bachmann

„Ein Junge, wirklich? – Endlich ein Junge!" Johannes Bachmann nahm seine Frau in die Arme. „Ein Junge, ein Junge!", rief er und dachte: Ein Nachfolger für die Gärtnerei! Als sich der Nachwuchs vor vier Monaten ankündigte, war er nicht begeistert, mit dreiundvierzig Jahren noch einmal Vater zu werden. Cornelia, seine älteste Tochter, war bereits dreizehn, Annemarie und Renate neun und sechs Jahre alt. Für ihre achtunddreißigjährige Mutter Christa Bachmann brachte das Ereignis Verwirrung und Unordnung in ihr Leben. Sie war für die Gärtnerei eine tüchtige Geschäftsführerin geworden, während ihr Mann sich in erster Linie um den Anbau der Pflanzen kümmerte. Hinzu kam, dass ein gewisses Risiko in ihrem Alter nicht ausgeschlossen werden konnte. Deshalb wurde im Krankenhaus der dreißig Kilometer entfernten Großstadt eine Fruchtwasseruntersuchung durchgeführt. Nun hatte sie die Gewissheit: „Das Kind ist gesund, und es wird ein Junge!" Annemarie und Renate sorgten dafür, dass Nachbarn und Bekannte im Dorf die Neuigkeit erfuhren: „Wir bekommen einen Bruder", erzählten sie überall, „und er heißt Peter." Cornelia hatte ihm den Namen gegeben. Sie freute sich darauf, das Baby zu betreuen, denn ihre Mutter wurde in der Gärtnerei gebraucht und würde nicht immer Zeit für den Kleinen haben. Pünktlich und gesund kam Peter an einem Montagmorgen Ende Oktober auf die Welt. „Er hat ja schwarze Haare", wunderte sich Annemarie, denn die Schwestern waren blond. „Und braune Augen wie Papa", fügte Cornelia hinzu.

Es begann eine arbeitsreiche, aber glückliche Zeit für die Familie Bachmann. Peter gedieh prächtig. Am Vormittag wurde er von seiner Mutter versorgt, die ihn bald mit in die Gärtnerei nahm. Nach der Schule kümmerte sich Cornelia um ihren Bruder. Sie hatte ihn sehr gern. Deshalb wurde ihr keine Arbeit zu viel. Annemarie und Renate durften Peter spazieren fahren. Stolz ließen sie die Nachbarn in den Kinderwagen schauen und das Aussehen des Kindes bewundern. Abends gehörte Peter seinem Vater, der mit seinem Sohn herumtollte, bis Peter vor Freude kreischte und die Mutter Einhalt gebot, damit das Kind zur Ruhe kam und schlafen konnte.

Als Peter acht Monate alt war und krabbeln konnte, bekam er Windpocken. Seiner Mutter fiel daran nichts Besonderes auf. Bei Peter verlief die Krankheit nicht anders als bei Cornelia, die mit drei Jahren die Windpocken hatte. Deshalb durfte sie ihren Bruder auch pflegen. Sie hatte Ferien, und Frau Bachmann musste ins Büro der Gärtnerei und die Bürogehilfin vertreten, die im Urlaub war. Niemand bemerkte, dass Peter sich nach der Krankheit nicht weiterentwickelte. Die Eltern hatten wenig Zeit. Cornelia versorgte ihren Bruder liebevoll. Für sie war er das Baby. Annemarie und Renate fuhren ihn begeistert spazieren. Eines Tages fragte eine Nachbarin die beiden Mädchen: „Wie alt ist euer Bruder?" – „Sechzehn Monate." – „Kann er nicht laufen? Seht mal, wie unruhig er ist. Er will nicht mehr im Kinderwagen sitzen." – Abends erzählten Annemarie und Renate ihren Eltern, was die Nachbarin gesagt hatte. „Es liegt daran, dass er ein Junge ist", meinte die Mutter, „Jungen entwickeln sich langsamer als Mädchen." Aber die Eltern wurden nachdenklich.

Der Hausarzt gab Frau Bachmann eine Überweisung zum Facharzt in der Stadt: „Vorsorglich", sagte er. Zwei Wochen später vermutete der Kinderarzt: „Es könnte sich um eine Windpocken-Encephalitis handeln, aber ich bin nicht sicher. Peter sollte zur Beobachtung ein paar Tage in die Universitätsklinik. Dann wissen wir mehr." Frau Bachmann erschrak: „Aber die Windpocken sind bei Peter nicht anders verlaufen als bei meiner ältesten Tochter!" – „Ja", sagte der Arzt, „wir wollen hoffen, dass meine Vermutung nicht stimmt." – Herr Bachmann tobte, als er erfuhr, was mit seinem Sohn geschehen sollte. Cornelia weinte. Annemarie und Renate verkrochen sich in ihr Zimmer, und Peter schrie. Erst spät in der Nacht trösteten sich die Eltern damit, dass der Arzt mit seiner Vermutung nicht Recht haben würde.

Eine Woche später begann die Untersuchung in der Universitätsklinik. Herr und Frau Bachmann fuhren am Nachmittag des vierten Tages gemeinsam hin, um Peter abzuholen. Was ihnen der Arzt sagte, erschütterte sie zutiefst: „Ihr Sohn hat einen schweren Hirnschaden, wahrscheinlich aufgrund einer Gehirnentzündung während der Windpocken. Er wird sich nie wie andere Kinder entwickeln können. Das bedeutet, Peter wird sein Leben lang behindert sein." – „Das kann ich nicht glauben." Herr Bachmann saß da wie versteinert. „Sie wissen nicht, was das für mich bedeutet." – Als die Eltern mit Peter nach Hause kamen, streichelte Cornelia ihn und sagte: „Ich hab dich lieb, so wie du bist." Annemarie und Renate verstanden die Wahrheit nicht. Sie meinten, Peter sei krank, und so wurde sein Zustand in Zukunft bei den Nachbarn und im Bekanntenkreis erklärt.

Die Eltern gaben die Hoffnung nicht auf. Immer wieder meinten sie, Fortschritte bei Peter festzustellen. In der Tat hatte er mühsam laufen gelernt, bewegte sich jedoch schwerfällig. Zu Cornelia sagte er: „Mama", und wenn er etwas haben wollte: „Da!" – Als er sechs Jahre alt war, brachten ihn seine Eltern in einem Heim im Schwarzwald unter. „Er kann dort besser gefördert werden", erzählten sie. In Wahrheit tat es ihnen weh, dass Peter nicht wie andere Kinder in die Schule gehen konnte. Annemarie und Renate waren erleichtert, als ihr Bruder wegkam. Sie hatten sich seinetwegen vernachlässigt gefühlt. Cornelia war traurig. – Wenn die Eltern Peter einmal im Monat besuchten, streckte er schreiend die Arme nach seiner Mutter aus, die sich wie gelähmt von ihm umarmen ließ. Sein Vater wusste nichts mit ihm anzufangen. Cornelia ging liebevoll mit ihm um und konnte ihren Bruder beruhigen.

Ein halbes Jahr später bekam Peter ohne eine Vorankündigung den ersten epileptischen Anfall. Er fiel einfach um. Als sein Vater davon erfuhr, machte er den Pflegern im Heim bittere Vorwürfe, sie würden seinen Sohn vernachlässigen und nicht richtig behandeln. Verzweiflung packte ihn, als man ihm sagte, Peter müsse in ein psychiatrisches Krankenhaus. „Das nehme ich nicht hin", brüllte er, „das nehme ich einfach nicht hin!" – Es begannen sechs qualvolle Jahre für die Familie Bachmann. Peters Anfälle wiederholten sich und wurden stärker. Nachts schrie er oft stundenlang ohne eine erkennbare Ursache. Nur mit Beruhigungsmitteln schlief er. Immer wieder wurde er in ein anderes Krankenhaus verlegt, doch nirgendwo konnte ihm wirklich geholfen werden. So verringerte sich die Hoffnung der Eltern mehr und mehr, bis sie resignierten. Auch die Anteilnahme der Nachbarn im Dorf ließ im Laufe der Jahre nach. Schließlich fragte niemand mehr nach Peter.

Cornelia war inzwischen sechsundzwanzig Jahre alt und die Einzige, der Peters Leben wichtig schien. Sie wurde zu seiner Betreuerin bestimmt. Damit hatte sie das Recht, über den Aufenthalt ihres Bruders mit zu entscheiden. „Ich will, dass er zur Ruhe kommt und sein Leben so lebt, wie er es kann", nahm sie sich vor. Ihr Mann, mit dem sie seit zwei Jahren verheiratet war, unterstützte sie, indem er ihr zuhörte und viel Verständnis für ihre Fürsorge zeigte. Wenn sie ihren Bruder besuchte, begleitete er sie jedoch nicht.

Peter lebte jetzt in einem Heim, in dem geistig behinderte Jugendliche pädagogisch betreut wurden. Zum ersten Mal machte er Fortschritte. Er konnte bald sicherer gehen und schrie nicht mehr so viel. Sprechen lernte er nicht, aber einfache Sätze verstand er. Wenn er etwas haben wollte, streckte er wie mit acht Monaten die Hände aus und sagte: „Da!" Ablehnung zeigte er, indem er verneinend den Kopf schüttelte. Als er neunzehn Jahre alt und ein erwachsener Mann war, bekam er keine Anfälle mehr.

So war es möglich, ihn in der Behindertenwerkstatt der nächstgelegenen Großstadt unterzubringen. Dort sollte er nach und nach lernen, zumindest zeitweise einfache Arbeiten auszuführen. Da er sich gern bewegte, packte er am liebsten fertige Gegenstände in Kartons, die er auf einen Wagen lud. Arbeiten, bei denen er still sitzen musste, ließen ihn schnell ungeduldig werden. Dann sprang er auf, lief herum und störte seine Kollegen so lange, bis es Streit gab und ein Pfleger ihn mühsam an seinen Platz zurückbringen musste. Das wiederholte sich einige Male am Tag. Es dauerte Monate, bis Peter sich an seinen neuen Alltag gewöhnte. Nach und nach kehrte Regelmäßigkeit und Ruhe in sein Leben ein. In dem nur zweihundert Meter von der Werkstatt entfernten Wohnheim teilte er sich ein Zimmer mit einem Mann, der dreiundfünfzig Jahre alt und ziemlich selbstständig war. Er passte auf Peter auf, ohne sich jedoch mit ihm anzufreunden. Nur eine junge Mitbewohnerin zeigte besonderes Interesse an ihm, was Peter erstaunt duldete, aber nicht erwiderte. Seine Eltern besuchten ihn nur noch selten, Annemarie und Renate nie. Cornelia kam regelmäßig. Peter fuhr gern Auto, und so nahm sie ihn zu Spazierfahrten mit, die beide heiter und gelassen stimmten. Danach kehrte Peter ohne Zögern in sein Zuhause zurück. Cornelia sah ihm nach, bis sich die Tür hinter ihm schloss und dachte: Er hat seinen Platz im Leben gefunden.

Diese Geschichte habe ich geschrieben, weil mir das Schicksal der Familie Bachmann sehr nahe gegangen ist. Ähnlichkeiten mit dem Geschick anderer Familien sind rein zufällig.

Gib kleinen Kindern tiefe Wurzeln und großen Kindern Flügel
Ein Märchen

Im Norden unseres Landes, wo die Erde flach ist und wie ein grüner Teppich aussieht, stand vor langer Zeit ein Schloss mit einem hohen Turm. An seiner Mauer war eine Heckenrose bis zur Turmspitze geklettert. Sie verbreitete mit ihren roten Blüten einen zauberhaften Duft im Schlosshof. Umgeben war das Schloss von einem breiten Wassergraben, über den eine steinerne Brücke zum Eingangsportal führte. Es war also ein Wasserschloss. Von der Brücke führte ein Weg in den Garten mit Blumen in allen Farben und weiter in einen Park mit herrlichen alten Bäumen. Auf der Gracht – so nennt man den Wassergraben – wohnten zwei weiße Schwäne. Im Frühjahr bewachten sie ihre kleinen grauen Küken, aber die Wasserratten fingen sie jedes Jahr und fraßen sie auf. Einmal wurde ein Schwanenjunge groß, weil er sich gut versteckt hatte. Als er erwachsen war, bekam er ein schneeweißes Federkleid. Darauf wurde sein Vater eifersüchtig und jagte ihn fort. So blieben es immer zwei Schwäne.

Das Schloss gehörte dem Fürsten und der Fürstin. Sie bewohnten die großen Zimmer nach vorn. Ihren Dienern gehörten die kleinen nach hinten, und eine alte Zofe, die sehr dünn war und kaum noch etwas sehen konnte, hauste in der winzigen Turmstube, zu der eine Wendeltreppe hinaufführte. Der Fürst und die Fürstin waren immer vornehm gekleidet, denn sie mussten unentwegt regieren. Nur einmal im Jahr hatten sie Zeit, im Garten mit den Blumen in allen Farben und dem Park, wo die herrlichen alten Bäume standen, spazieren zu gehen. Sonst waren sie damit beschäftigt, ihren Untertanen Befehle zu erteilen, damit alles seine Ordnung haben sollte und die Bewohner von Ober- und Untervogelgesang sich nicht zankten.

Die Dörfer Ober- und Untervogelgesang befanden sich gleich hinter dem Schlosspark. Vogelgesang hießen sie, weil vom Park her die schönsten Vogelstimmen zu hören waren. Besonders die Nachtigallen sangen am Abend wundervoll. Obervogelgesang lag etwas näher am Schloss. Deshalb dünkten die Bewohner sich vornehmer und taten so, als wäre ihr Dorf höher gelegen. Aber das stimmte nicht, weil das Land flach war. Auch sagten sie von sich: „Wir gehen ins Geschäft", und von den Menschen in Untervogelgesang behaupteten sie: „Sie gehen zur Arbeit." Dabei wohnten in beiden Dörfern Geschäftsleute und Handwerker. Die Einwohner von Untervogelgesang waren deshalb zornig auf die von Obervogelgesang. Nur über den Fürsten und die Fürstin waren sich alle einig: „Ja, ja", spotteten sie, „sie hausen dort wie im Himmel", und nannten es deshalb Schloss Himmelshausen.

Eines Tages merkte die Fürstin, dass ihr die Kleider zu eng wurden. Sie bat die Zofe, sie weiter zu machen; aber nach kurzer Zeit waren sie wieder zu eng. „Du erwartest ein Kind", meinte die Zofe. Die Fürstin glaubte es nicht und fragte den Arzt, der sagte: „Ja, Sie bekommen ein Kind" und „schonen Sie sich, damit es gesund zur Welt kommt." Von dem Tag an musste der Fürst allein regieren, was der Fürstin gar nicht recht war. Sie konnte kaum erwarten, dass ihr Kind geboren wurde. Endlich war es so weit: Sie bekam ein Mädchen. Die Fürstin gab es der alten Zofe: „Pass auf die Prinzessin auf!" – „Wie soll sie denn heißen?", fragte die Zofe. Aber die Fürstin war schon weg und regierte wieder mit dem Fürsten. Die Zofe nannte das Mädchen Christine. Der Name gefiel ihr am besten für ein Fürstenkind.

Um die gleiche Zeit erwartete auch die Frau des Verwalters ein Kind. Sie wohnte mit ihrem Mann in einem kleinen Haus außerhalb der Gracht. Von dort konnte man Schloss Himmelshausen gut sehen. Der Verwalter passte auf alles auf, was in Schloss, Garten und Park passierte. Er gab den Menschen bei ihrer Arbeit Ratschläge. Deshalb hatten alle große Achtung vor ihm. Selbst wenn er böse wurde, was selten vorkam, gaben sie ihm Recht und verhielten sich nach seinem Willen. Seine Frau führte ihm das Haus so selbstständig, dass er sich um nichts kümmern musste. Aber bei schweren Arbeiten half er ihr, denn er liebte sie sehr. Wenn die Frau des Verwalters Zeit hatte, ging sie in ein Zimmer mit großen Fenstern, wo es viel Licht gab. Dort malte sie Bilder, von denen das nächste immer noch schöner war als das vorher gemalte. In diesen Stunden fand sie zu sich selbst und Kraft, danach wieder ihre Arbeit zu tun; denn sie war sehr feinfühlig und nahm alles ganz genau. Als sie erfuhr, dass sie ein Kind bekommen würde, war sie überglücklich. Gleichzeitig spürte sie eine große Unsicherheit, und sie fragte sich: „Was muss ich tun, damit mein Kind im Leben allen Gefahren gewachsen ist und bestehen kann?"

Grübelnd ging sie in den Park mit den herrlichen alten Bäumen. Plötzlich stand die alte Gärtnerin vor ihr. Sie war vor vielen Jahren aus einem fremden Land gekommen und hatte den Fürsten um Unterkunft gebeten. Da im Schloss kein Zimmer frei war, sagte er zu ihr: „Du kannst im Gartenhaus im Park wohnen." Seitdem lebte sie dort und pflegte den Schlossgarten. Das Gartenhaus stand auf einem Hügel. Eigentlich war es nur eine Anhebung, aber in dem flachen Land sah es aus wie ein Hügel. Er war von einer kleinen Gracht umgeben, über die eine zierliche Holzbrücke führte. Von der alten Gärtnerin sagte man, sie könne Krankheiten heilen und die Zukunft vorhersagen. Manche Dorfbewohner behaupteten auch, sie sei eine Hexe. Sicher war nur, dass sie Ratschläge gab, die den Menschen auf ihrem Lebensweg weiterhalfen. „Was bewegt dich, dass du hier im Park spazieren gehst?" fragte sie die Frau des Verwalters. Als sie erfuhr, weshalb die junge Frau glücklich, aber zugleich unsicher war, lachte sie: „Das ist es also!" Und ernst fügte sie hinzu: „Gib kleinen Kindern tiefe Wurzeln und großen Kindern Flügel." Die Frau des Verwalters sah sie verwirrt und erstaunt an, und die alte Gärtnerin fuhr fort: „Es ist so einfach wie bei den Blumen. Die kleinen Pflanzen müssen tiefe Wurzeln bekommen, damit sie Halt und Sicherheit und genug Wasser finden. Das macht sie stark, und sie wachsen. Wenn sie groß sind, blühen sie. Aus den Blüten werden Früchte mit Samen, die fliegen mit dem Wind davon, und wenn sie auf guten Boden fallen, werden aus ihnen neue Pflanzen." Die Frau des Verwalters war nachdenklich geworden. „Das ist ein wundervoller Spruch. Wie kann ich ihn behalten?" – „Bring mir ein weißes Leinenband, Nadel, Schere und Garn zum Sticken", antwortete die alte Gärtnerin, und die junge Frau beeilte sich, das Gewünschte herbeizuholen. Die alte Gärtnerin setzte sich auf einen Stein, wählte aus einem bunten Knäuel einen grünen Faden und stickte emsig und mit viel Geschick in großen und in kleinen Buchstaben auf das Band: Gib kleinen Kindern tiefe Wurzeln ... Dann war der Faden zu Ende, und sie suchte nach einem neuen. „Nimm da den goldenen", schlug die Frau des Verwalters vor. „Wo denkst du hin?", gab ihr die alte Gärtnerin zur Antwort. „Mit goldenen Flügeln kann man doch nicht fliegen!" Sie suchte weiter und fand einen anderen. „Sieh hier das helle Rot, das macht beschwingt", fädelte den Faden ein und stickte weiter – und großen Kindern Flügel. Als sie fertig war, gab sie das Band der Frau des Verwalters: „Häng es über die Tür in deinem Haus. So wirst du den Spruch immer vor Augen haben, und deine Kinder werden gesund sein und gedeihen." Dann stand sie auf, ging über die zierliche Holzbrücke und verschwand im Gartenhaus, bevor sich die junge Frau bedanken konnte.

Einige Monate später bekamen der Verwalter und seine Frau einen Sohn. Er hatte blonde Haare und blaue Augen wie die meisten Menschen im Norden. Sie nannten ihn Lars. Seine Kindheit war unbeschwert. Der Spruch auf dem Band und das, was die alte Gärtnerin gesagt hatte, halfen der Frau des Verwalters. Lars fand Geborgenheit und hatte Vertrauen zu seinen Eltern. Am sichersten fühlte er sich, wenn er seiner Mutter beim Malen zusah. Dann war es ganz still in ihm. Als Lars sechs Jahre alt war, kamen seine Schwestern, die Zwillinge Solveigh und Elke auf die Welt. Ihr Vater nannte sie „Irrlichter", denn sie geisterten bald den ganzen Tag durchs Haus und kicherten fast immer. Abends kletterten sie auf den Schoß ihres Vaters und himmelten ihn an, bis er rief: „Jetzt ist es genug, meine Irrlichter!" Sie waren so liebenswert, dass man ihnen nichts übel nehmen konnte. Lars wollte sie immer beschützen. Einmal allerdings wurden sie von der Mutter bestraft. Sie waren heimlich in das Zimmer eingedrungen, in dem sich die Bilder befanden. Das neueste und schönste stand noch auf der Staffelei. Schloss Himmelshausen war darauf zu sehen, die Rosen am Turm und darüber ein tiefblauer Himmel. Den hatte nachts eine Spinne betreten. Die Farbe war noch nicht trocken. An der Turmspitze war sie festgeklebt. Die „Irrlichter" malten die Spinne mit goldener Farbe an.

Dafür mussten sie einen Tag im Bett bleiben und durften nicht herumgeistern. Als die Bewohner von Ober- und Untervogelgesang davon erfuhren, kamen sie, um das Bild zu sehen. Sie waren beeindruckt und stellten fest: „Seht nur, sogar die Spinnen im Schloss sind aus Gold!" Aber die Frau des Verwalters blickte wie schon so oft auf das Band über der Tür: Gib kleinen Kindern tiefe Wurzeln und großen Kindern Flügel. Es ist nicht leicht, das Richtige zu tun, dachte sie.

Als Lars neun Jahre alt war, durfte er seinen Vater begleiten, wenn er den Leuten im Schloss, Garten oder Park Ratschläge erteilte. Lars merkte sich alles, was sein Vater sagte und nahm ihn sich zum Vorbild, denn er wollte so werden wie er. Eines Tages trafen sie im Park den Fürsten und die Fürstin, die gerade ihren jährlichen Spaziergang machten. Sie wurden von ihrer Tochter begleitet. Christine war wie Lars neun Jahre alt. Ihre Eltern hatte sie in dieser Zeit so selten gesehen, dass sie jedes Mal überlegen musste, ob sie sie wieder erkennen würde, wenn sie zu Besuch kamen. Die Zofe passte gut auf sie auf, aber sie war alt und hilflos mit ihren schwachen Augen. Sie konnte keine Geborgenheit geben. Christine fror deshalb ständig in dem großen prächtigen Schloss. Die Zofe gab ihr einen alten grauen Schal, den Christine um Kopf und Schultern wickelte. Ihre Mutter verspottete sie deshalb, und ihr Vater zuckte die Achseln: „Aus dir wird nie eine richtige Prinzessin werden." Kopfschüttelnd nahmen der Fürst und die Fürstin sie mit auf den jährlichen Spaziergang, wo sie im Park dem Verwalter und seinem Sohn begegneten.

Als Christine Lars gegenüberstand, wurde ihr auf einmal ganz warm. Sie nahm den grauen Schal von Kopf und Schultern und richtete sich auf. Ihre rotblonden Haare glänzten in der Sonne wie Gold, und ihre Haut schimmerte weiß. Sie war sehr zart. Christine legte den Kopf auf die Seite und sah Lars mit ihren grünen Augen lustig an, denn sie war im Grunde ein fröhliches Kind. Lars wiederum wusste in diesem Augenblick nicht mehr, was um ihn herum geschah, so sehr gefiel ihm Christine, und als sie ihn anlächelte, blieb er wie angewurzelt stehen, bis der Verwalter ihn rief. Schnell flüsterte Christine ihm heimlich zu: „Komm zur hinteren Eingangstür, ich will dir das Schloss zeigen." Dann wurde sie von der Fürstin weggezogen: „Der Sohn eines Verwalters ist kein Umgang für dich!"

Froh und erregt überlegte Lars, wie er den hinteren Eingang zum Schloss finden könnte, denn er hatte ihn noch nie gesehen. Eine Brücke gab es nur an der vorderen Seite. Er entdeckte einen kleinen Weg, der an der Gracht entlang um das Schloss herumführte. Von hinten sah es gar nicht prächtig, sondern grau und hässlich aus. Die Fenster waren klein und schon lange nicht geputzt. Der einzige Schmuck war ein Efeu, der sich neben einer rostigen Eisentür an der Hauswand empor rankte. Dort musste der hintere Eingang sein. Während er noch nachdachte, wie er über das Wasser kommen sollte, stolperte er über ein kleines Boot, das am Ufer halb unter den Büschen lag und halb den Weg versperrte. Nun konnte ihn nichts mehr aufhalten. Er setzte mit dem Boot über die Gracht. Die eiserne Tür war offen, und dahinter stand lachend Christine. „Gut gemacht", lobte sie. „Komm!" Sie stiegen eine alte Holztreppe empor und kamen in einen großen Saal. An den Wänden hingen riesige Gemälde, auf denen Männer und Frauen in altmodischen Gewändern abgebildet waren. „Das sind meine Ahnen", erklärte Christine und führte Lars zu einem Bild, auf dem ein alter Mann mit einem Krückstock zu sehen war. Er hatte lustige Augen und wirkte so lebendig, dass es den Anschein hatte, als würde er den Kindern zuzwinkern.

„Er ist mein Lieblingsahne", betonte Christine. „Hast du keine Angst?", fragte Lars, dem es unheimlich zumute war. „Nein, wovor? Die hier hängen, sind alle tot." Sie zog ihn zu einem anderen Bild, das eine junge Frau mit rotblonden Haaren und grünen Augen darstellte. Lars erschrak, denn er glaubte in ihr Christine zu erkennen. Die Frau trug ein langes weißes Kleid und sah sehr schön aus. „Die Diener nennen sie die weiße Ahnfrau und behaupten, dass sie ein Gespenst ist und nachts im Saal spukt, aber das stimmt nicht. Ich bin drei Mal um Mitternacht hier gewesen. Sie hing immer friedlich an der Wand." Christines Mut beeindruckte Lars, aber er wollte nicht länger in dem Ahnensaal bleiben. Sie führte ihn nun viele Treppen hinauf und hinunter und zeigte ihm alle großen und kleinen Zimmer im Schloss. Dabei achtete Christine genau darauf, dass ihnen niemand begegnete, denn ihre Eltern durften nichts davon wissen. Als Lars alles gesehen hatte, fragte er: „Gibt es in dem Schloss auch einen geheimen Gang?" – „Ja, sicher", antwortete Christine, „ich habe ihn nur noch nicht gefunden. Komm morgen wieder, dann suchen wir ihn."

Lars fuhr von nun an jeden Tag mit dem Boot über die Gracht zu der rostigen Eisentür, hinter der Christine ihn erwartete. Sie spielten viele Spiele, aber am aufregendsten fanden sie es, nach dem geheimen Gang zu suchen. Eines Tages, es war schon Herbst geworden, entdeckten sie im Keller hinter einem alten Weinfass eine kleine Tür. Mit aller Kraft schoben sie das Fass beiseite. Sie öffneten die Tür, die unverschlossen war, und betraten einen schmalen Gang. „Das ist er", rief Christine, „wir haben den geheimen Gang gefunden!" Sie holte eine Kerze, und sie gingen hinein. Es war eng und stickig darin, und von der Decke hingen lange Spinnweben herunter, aber Christine und Lars ließen sich nicht abhalten. Der Gang führte zunächst in die Tiefe in einen kleinen Raum, in dem ein Tisch und sechs Stühle standen. Von dort ging es eine steile Treppe hinauf bis zu einem Fenster, von dem man auf die Gracht und den Park sehen konnte. Auf der anderen Seite war eine Tür. Lars versuchte, sie zu öffnen, aber sie klemmte und ging nur einen Spalt weit auf. Christine sah hinein. „Was hast du?", fragte Lars, als sie sich erschrocken umdrehte und ihn mit großen Augen ansah. „Die Tür führt in mein Zimmer", sagte sie, „ich kann mein Bett sehen, und hier vor der Tür steht mein Bücherregal " Vorsichtig versuchten sie, es beiseite zu schieben, aber ein paar Bücher fielen herunter. Als sie im Zimmer waren, standen sie vor der alten Zofe, die gerade aufräumte und vor Schreck zu schreien vergaß. Lars und Christine waren in dem engen Gang ziemlich schmutzig geworden. Sie sahen aus wie zwei Straßenkinder. Schnell liefen sie davon, bevor die alte Zofe ihre Fassung wiedergewann. Aber die Zeit der gemeinsamen Spiele war vorbei. Christine bekam Stubenarrest und Lars Hausverbot.

Es wurde Winter. Das Wasser in der Gracht fror zu, und die beiden Schwäne bezogen ihr Winterquartier in einem kleinen Holzhaus am Ufer. Eines Tages sagte die Mutter von Lars: „Christine ist krank. Sie hat einen schrecklichen Husten, und ihre Lungen sind sehr schwach." Lars spürte einen brennenden Schmerz in seiner Brust, und in seiner Kehle saß auf einmal ein dicker Kloß. „Kann der Arzt ihr nicht helfen?" fragte er seine Mutter. „Nein, nur ein Wunder kann sie retten." Ein Wunder, dachte Lars. Er sah auf das Band über der Tür: Gib kleinen Kindern tiefe Wurzeln und großen Kindern Flügel. Seine Mutter hatte ihm erzählt, was es damit für eine Bewandtnis hatte. „Und wenn ich ihr das Band bringe?" Aber die Frau des Verwalters verbot es ihm, denn die alte Gärtnerin hatte es für ihre

Kinder gestickt. Sie glaubte fest daran, dass der Spruch auf dem Band sie beschützte, und wollte es deshalb nicht hergeben. Drei Tage lief Lars herum und dachte so angestrengt nach, dass er einen roten Kopf bekam. Schließlich rannte er in den Park zu der alten Gärtnerin und flehte sie an: „Stick mir ein Band mit dem Spruch für Christine, so wie du es für meine Mutter getan hast!" Aber die alte Gärtnerin schüttelte den Kopf. „Ich habe kein Band und kein Garn, und sieh her, meine Hände sind zittrig geworden." Lars lief nach Hause. Unterwegs traf er einen Diener aus dem Schloss. „Wie geht es Christine?", fragte er ihn. Der Diener sah ihn traurig an: „Sie liegt ihm Sterben." Da ergriff Lars panische Angst. Als er sah, dass seine Mutter in dem Zimmer mit den großen Fenstern ein neues Bild malte, nahm er heimlich das Band von der Tür und lief über das Eis der Gracht zum hinteren Eingang des Schlosses. Doch die Eisentür war verschlossen. Ihm fiel ein, dass sein Vater einen großen Schlüsselbund besaß mit Schlüsseln zu allen Türen im Schloss. Er lag in einer Schublade in seinem Schreibtisch. Lars rannte zurück und fand ihn. Als er wieder bei der rostigen Eisentür war, probierte er die Schlüssel aus. Er hatte Glück, der dritte passte. Im Schloss beeilte er sich, durch den geheimen Gang zu Christines Zimmer zu kommen. Vorsichtig und so leise wie möglich schob er das Bücherregal zur Seite, bis er in ihr Zimmer gelangen konnte. Dann blieb er wie versteinert stehen. Die alte Zofe saß im Lehnstuhl neben Christines Bett. Aber sie schlief und schnarchte so laut, dass sie keine anderen Geräusche wahrnehmen konnte.

Lars ging zu Christine. Sie war wach. Tränen liefen über ihr Gesicht, als sie Lars sah. Sprechen konnte sie nicht, sie war zu schwach. „Nimm das Band und lege es unter dein Kopfkissen, damit es niemand sieht. Du wirst sehen, du wirst gesund." Er half ihr, das Band zu verstecken. Da bewegte sich die alte Zofe. „Ich muss weg", flüsterte Lars, „gute Besserung und bis bald." Er konnte gerade noch hinter dem Bücherregal verschwinden, da wachte die alte Zofe auf. „Was ist hier los?", fragte sie. Aber Christine lächelte und hielt die Augen geschlossen. Eine Woche später war sie gesund. Als sie das Bett verlassen konnte, steckte sie das Band in ihre Manteltasche. Sie wollte es Lars sobald wie möglich zurückgeben, vergaß es aber. Auch Lars dachte nicht mehr daran, und seine Mutter war sehr beschäftigt und bemerkte nicht, dass es nicht über Tür hing.

Von nun an sahen sich Christine und Lars wieder regelmäßig. Sie waren sehr vorsichtig, damit ihnen niemand begegnete. So kam das Frühjahr. Noch immer war das Wasser gefroren, so dass Lars nicht mit dem Boot übersetzen konnte, sondern zu Fuß über das Eis lief. An einem Morgen schien die Sonne besonders warm vom Himmel. Die Schwäne warteten ungeduldig am Ufer, sie wollten wieder ins Wasser. Lars schlug mit einem Stock auf das Eis, um zu prüfen, ob es noch hielt. Er stand im Schatten eines Baumes. Hier war es noch dick gefroren. So lief er los. Er hatte fast das andere Ufer erreicht, als es unter ihm knirschte und krachte. Im nächsten Augenblick brach er ein und war bis zum Hals im Wasser. Er zitterte vor Angst und Kälte und schlug mit Armen und Beinen um sich, um nicht unterzugehen. Gleichzeitig versuchte er, sich an der Eisdecke hochzuziehen, aber das Eis brach immer wieder ab. „Christine!", schrie er so laut er konnte. Sie kam aus der Tür und blieb entsetzt stehen. „Hilf mir!" Da fiel ihr das Band ein, das in der Manteltasche steckte. Sie holte es heraus und warf Lars das eine Ende zu, damit er sich fest halten konnte. Mit dem anderen Ende zog sie ihn mit aller Kraft ans Ufer. Lars schnatterte vor Kälte, und seine Kleider tropften. Christine brachte ihn in den Raum im geheimen Gang, wo der Tisch und die sechs Stühle standen. Dann holte sie eine Wolldecke und heißen Tee. Sie saßen lange beim Kerzenlicht zusammen. Am Abend war das Eis auf der Gracht geschmolzen. Sie zogen das Boot an einer langen Leine vom anderen Ufer herüber, und Lars kehrte nach Hause zurück.

In der folgenden Nacht brannte das Schloss lichterloh. Die alte Zofe wollte gerade schlafen gehen und war mit ihrer Kerze auf dem Weg zur Wendeltreppe, die in ihr Turmzimmer führte. Da stolperte sie über einen Eimer, fiel hin und wurde ohnmächtig. Erst fingen die Gardinen Feuer, dann die Möbel, und schließlich stand das ganze Schloss in Flammen. Wer alles darin umkam, wurde nie genau festgestellt. Christine konnte mit dem Boot über die Gracht fliehen. Sie rannte in den Park. Dort stand die alte Gärtnerin an der zierlichen Holzbrücke, als hätte sie Christine erwartet. „Du kannst bei mir bleiben", sagte sie zu ihr und nahm sie mit ins Gartenhaus.

Die ganze Nacht hatte Lars nach Christine gesucht. Seine Verzweiflung wurde immer größer, und am Morgen brach er weinend an der Schlossbrücke zusammen. So fand ihn der Verwalter, sein Vater. Er führte seinen Sohn ins Haus und blieb lange bei ihm, bis Lars still geworden war und traurig aus dem Fenster auf das abgebrannte Schloss sah. „Du musst sie vergessen", sagte der Verwalter. „Geh in die Stadt und studiere, damit du einen Beruf ergreifen kannst." Lars sah ihn an: „Ja, Vater", sagte er, „ich werde in die Stadt ziehen und studieren, aber vergessen werde ich Christine nie." So kam es, dass Lars lernte zu wirtschaften und zu verwalten wie sein Vater. Wenn er abends allein in seinem Zimmer saß, schaute er aus dem Fenster auf die Straße, auf der Autos vorbeifuhren und die Menschen sich auf dem Bürgersteig drängten. Dann dachte er an Christine, an ihre Spiele im Schloss und den geheimen Gang, und es war ihm zumute, als wäre sie bei ihm.

Während dieser Zeit lebte Christine im Gartenhaus. Die alte Gärtnerin lehrte sie, mit den Pflanzen umzugehen. Christine liebte die Blumen in allen Farben, und es dauerte nicht lange, bis sie allein den Schlossgarten pflegen konnte. Eines Tages sagte die alte Gärtnerin zu ihr: „Du bist nun erwachsen und hast gelernt, was du zum Leben brauchst. Bleibe im Gartenhaus und sorge dich nicht. Ich aber will gehen, mein Weg ist bald zu Ende. Ehe Christine antworten konnte, lief die alte Gärtnerin über die zierliche Holzbrücke in den Park und verschwand zwischen den herrlichen alten Bäumen. Es hat sie niemand jemals wieder gesehen.

Christine blieb im Gartenhaus und pflegte den Schlossgarten. Wenn abends die Nachtigallen sangen, dachte sie an Lars: Ich weiß, er wird zurückkommen. Eines Tages wird er wieder da sein. – Und sie behielt Recht. Als Lars sein Studium beendet hatte, kehrte er nach Hause zurück. Die Ruine vom Schloss stand noch da, aber die Heckenrose hatte sie überwuchert und verbreitete mit ihren roten Blüten einen zarten Duft. Lars lief in den Schlossgarten, wo die Blumen wie früher in allen Farben standen. Da erblickte er Christine. Sie trug einen Krug mit Wasser, um die Blumen zu gießen. Als sie Lars erkannte, stellte sie den Krug hin. Sie sahen sich an, und die Freude war groß. Noch im Sommer fand die Hochzeit statt. Von nun an lebten sie beide im Gartenhaus, aber das war bald zu klein. Jedes Mal, wenn Christine ein Kind bekam, bauten sie ein Zimmer an, bis ihr Haus so groß und schön war wie einst Schloss Himmelshausen.

Wer das nicht glaubt, kann hinfahren und es sich ansehen. Über der Tür hängt das Band, auf das die alte Gärtnerin in großen und in kleinen Buchstaben gestickt hat: „Gib kleinen Kindern tiefe Wurzeln und großen Kindern Flügel."

Die Flut

„Ihre Reiseunterlagen sind da." Der Anrufbeantworter hat die Botschaft aufgezeichnet. Unsere Reise wird also stattfinden, so viel ist sicher. Vor zwei Jahren meldeten sich zu wenig Teilnehmer. Im vergangenen Jahr verhinderte eine Krankheit, dass wir mitfahren konnten. Doch nun ist es soweit. In einer Woche werden wir in Polen sein, genauer gesagt, in Südpolen. Krakau werden wir sehen, die alte Stadt der polnischen Könige. Zakopane, den bekannten Wintersportort am Fuße der Hohen Tatra. In Tschenstochau das Gnadenbild der Muttergottes mit dem Christuskind, ‚die schwarze Madonna'. Durch Oberschlesien fahren wir über Oppeln nach Wroclaw – in meine Geburtsstadt, die damals Breslau hieß. Die Vorfreude ist groß. Abends sehe ich auf die Wetterkarte. Zurzeit regnet es in Polen; aber bis wir dort sind, ist das Tief sicher abgezogen.

Das Tief heißt „Xolska" und verstärkt sich. Zwei Tage später hören wir von bedrohlichen Überschwemmungen. Hochwasser in Oppeln und Glatz werden gemeldet. Krakau ist gefährdet. Ein Anruf beim Reisebüro: „Ja doch, die Reise findet statt, die Route kann allerdings geändert werden." Einen Tag später höre ich um 16 Uhr in den Nachrichten: „Die Hochwasserwelle erreicht Breslau." Und im folgenden Satz: „Hupka verlangt beim Schlesiertreffen in Nürnberg, dass die Polen die Deutschen für erlittenes Unrecht entschädigen sollen." Die Polen in Schlesien verlieren in diesem Augenblick Hab und Gut, wenn nicht gar ihr Leben! Fernsehteams und Reporter sind im Katastrophengebiet angekommen. Die Breslauer Innenstadt steht unter Wasser. Es gibt kein Trinkwasser. Man spricht von Typhusgefahr. Unsere Reise wird abgesagt. Und doch ist Polen auf einmal so nah!

„Ein Jahrhunderthochwasser", berichten die Medien. Im Nordosten Tschechiens hat es begonnen. Dort entspringt die Oder. Ungeheure Regenmengen finden nicht mehr Platz in Flüssen und Bächen, lassen sie über die Ufer treten, werden zu alles mitreißenden Strömen, überschwemmen in wenigen Stunden das südliche Polen, die nordwestliche Slowakei, den Osten Österreichs mit Wien und die nördliche Steiermark. Unmöglich, sich davor zu schützen. Die Überraschung ist zu groß. Im Nu sind Verkehrswege unterbrochen, Telefonleitungen zerstört, Brücken eingestürzt, Eisenbahnschienen überflutet. In weiten Teilen des Landes fällt der Strom aus, Warnungen kommen zu spät oder erreichen die Menschen nicht. Mancherorts ist man auch ungläubig, die Katastrophe ist nicht vorstellbar. In Tschechien und Polen werden die ersten Menschenopfer beklagt. Manche versinken mit ihren Häusern in den Fluten. Wie viele Menschen jetzt obdachlos sind, weiß niemand. Von Zehntausenden ist die Rede. Mit Milliardenschäden wird gerechnet. Die Regierung in Prag teilt nach einer Sondersitzung des Kabinetts mit, dass sie siebzehn Millionen Mark Soforthilfe zur Verfügung stellt. Zwei Tage später kommt aus Warschau die Meldung, zur Beseitigung der Schäden werden fünfhundert Millionen Zloty bewilligt. Kritische Stimmen in Polen beklagen die mangelhafte staatliche Koordination bei der Rettungsaktion. Die Vorwürfe werden von der Regierung zurückgewiesen: „Auf eine Katastrophe, die nur alle fünfhundert Jahre vorkommt, ist kein Land vorbereitet."

Unterdessen sitzen Menschen auf Dächern und Bäumen, völlig durchnässt. Manche werden von Schlammlawinen verschüttet. Ein Arzt klettert mehrere Kilometer über Schlammberge und hilft, Verletzte auf Tragen in das nächste Krankenhaus zu bringen. In Tschechien gehen die Überschwemmungen zurück. Dafür nimmt die Angst vor Plünderungen zu. Auch in Breslau sind die Warnungen zunächst nicht ernst genommen worden. Man hat dem Entwässerungssystem aus deutschen Zeiten vertraut, ohne zu bedenken, dass die Flüsse jahrzehntelang nicht entschlammt worden sind. Die restaurierte Altstadt soll gerettet werden. Dafür müssen Hochwasserdämme vor der Stadt gesprengt und Dörfer überflutet werden. Die Bauern wehren sich mit Mistgabeln gegen das Sprengkommando, um ihr Vieh und die Ernte auf ihren Feldern zu retten. Es fällt schwer zu entscheiden, was wichtiger ist: Das kostbare Kulturgut oder die Lebensgrundlage der Menschen. Ein Mann in einem Kahn, sein Anblick ist unvergesslich. Rings um ihn Wasser, braun und trüb, in einiger Entfernung eine Kirchturmspitze, die aus den Fluten herausragt. „Dort war unser Dorf." Die Stimme des Mannes ist tonlos. Tränen laufen über sein Gesicht.

Das braune Wasser drängt weiter. Totes Vieh schwimmt flussabwärts und Berge von Trümmern und Müll. Die Menschen in Brandenburg sehen mit Schrecken der herannahenden Flutwelle entgegen. Sie versuchen, sie abzuwenden oder zumindest einzudämmen. Millionen von Sandsäcken sind bereitgestellt. Das Hochwasser steigt. Um den Druck auf die Deiche zu mindern, werden im Nationalpark „Unteres Odertal" Polder geflutet. Das Gebiet liegt tiefer als der Fluss. Friedrich der Große hat es vor zweihundertfünfzig Jahren urbanisiert. „Dies ist die einzige Provinz, die ich im Frieden erobert habe", soll er gesagt haben. Bereitschaftspolizei und Bundesgrenzschutz sind darauf vorbereitet, Menschen aus dem Wasser zu retten. „Die Lage ist ernst", gibt Umweltminister Platzek zu. „Die Wasserhöhe wird auf zehn bis zwölf Meter klettern." Man rechnet damit, dass die Katastrophe zwei Wochen dauert. Die deutsch-polnische Grenze wird auf einer Länge von hundertsiebzig Kilometern gesperrt. Lastwagenfahrer und Touristen sind aufgefordert, sich in Süddeutschland Ausweichrouten nach Osteuropa zu suchen. Aus Berlin und Cottbus reisen Sensationslustige in Frankfurt/Oder an. Katastrophen-Sightseeing nennen sie es und filmen die Szene. „So was passiert nicht alle Tage", grinst einer von ihnen. „Zum Teufel mit dem!", flucht ein freiwilliger Helfer. „Wenn Sie bei den Sandsäcken mit zupacken würden, wären wir weiter." Der Hochwassertourist zuckt die Achseln: „Wozu die Panik?" Er zeigt übers Wasser auf die polnische Seite: „In Slubice, die kriegen nasse Füße." Tatsächlich hat es in Frankfurt/Oder seit 1930 kein Hochwasser gegeben. Aber Slubice liegt in einer Senke. Wenn dort die Dämme brechen, versinkt die Stadt bis zu sechs Metern tief im Wasser. Die Brücke, die beide Städte verbindet, ist bereits gesperrt. Slubice wird evakuiert. „Mitzunehmen sind: persönliche Dokumente, Lebensmittel für mehrere Tage, warme Kleidung!" verkündet wieder und wieder der Lautsprecher. Alle Tiere sind aus der Stadt gebracht. Haustüren zugemauert, Fenster mit Brettern vernagelt. Slubice gleicht einer Geisterstadt. Für die Zurückgebliebenen gilt Alkoholverbot, auch für die Feuerwehr aus Danzig, die zur Verstärkung der Hilfstruppe angereist ist. Das Angebot aus der deutschen Nachbarschaft, Evakuierte aufzunehmen, wird abgelehnt. „Wir haben genug Platz im Umland." Gleichwohl betont man die gute Nachbarschaft.

Während das stinkende, ölige Oderwasser auf Brandenburg zutreibt, wird mit dem Tief „Zoe" für Südpolen und Tschechien Dauerregen gemeldet. Am zehnten Tag des

Jahrhunderthochwassers hatte sich dort die Lage entspannt. Doch nun drohen erneut Überschwemmungen. Es wird mit einer zweiten Flutwelle gerechnet. Je mehr Wasser vom Himmel herunterkommt, desto lauter wird die Kritik am Verhalten der Regierung in Polen. Trotz der Katastrophe in Oppeln und Breslau sollen Wahlkampfveranstaltungen durchgeführt werden. Der Wahlslogan „Gutes heute, Besseres morgen!" wirkt wie blanker Hohn auf Menschen, die um ihre Existenz kämpfen. Auch die Bemerkung eines Politikers: „Wer nicht versichert ist, ist selber schuld!" setzt Aggressionen frei; denn inzwischen weiß man, dass viele Gemeinden nicht von der Gefahr informiert wurden.

„Niemand hat uns gewarnt", sagt Pfarrer Niemtsch in Cisek. „Um 6.30 Uhr habe ich die Messe gelesen. Als ich um sieben Uhr aus der Kirche kam, stand das Wasser an der Schwelle. Es stieg jede Minute höher, überschwemmte das Pfarrhaus, die Kanzlei, die Kirche. Ich war allein und wusste gar nicht, wo ich anfangen sollte." Pfarrer Niemtsch ist einundsiebzig Jahre alt. Er lebt seit neununddreißig Jahren in Cisek. „Eine Überschwemmung solchen Ausmaßes hat es in dieser Zeit nie hier gegeben." Er blickt auf die Bücher, die auf dem Fenstersims in der Sonne trocknen. Die zweisprachige Sammlung über die Geschichte Schlesiens ist für ihn unersetzbar. „Die Kirche steht an der höchsten Stelle des Dorfes. Sie können sich vorstellen, dass es keinem der fünfzehnhundert Einwohner besser ergangen ist als mir." Auch der Schultheiß hat nichts gewusst: „Ratibor stand schon zwei Tage unter Wasser. Man hätte uns warnen können, aber keine Behörde hat die Einwohner von Cisek alarmiert. Eine alte Frau saß vier Tage mit einem Schwein und ein paar Entenküken auf dem Dachboden ihres Hauses. Erst dann konnte ihr Sohn, dessen Haus auch überschwemmt war, mit einem Boot zu Hilfe kommen. Ein Wunder, dass niemand ums Leben kam. Ertrunken sind unsere Kühe, Schweine und Hühner. Und unsere Häuser sind zerstört." Blick nach Wroclaw, der schlesischen Hauptstadt: Menschen stehen bis zum Bauch im Wasser. Aus einem Boot werden Lebensmittel verteilt. Geräte zur Trinkwassergewinnung sind vom deutschen technischen Hilfswerk installiert. Polizisten retten Familien aus überfluteten Häusern. Die Dominsel und der historische Marktplatz sind gerettet, aber die südöstlichen Vorstädte und die Innenstadt überschwemmt. Als das Wasser endlich sinkt, laufen unzählige Ratten durch die Straßen. Sie stöbern in Abfällen. Es herrscht Seuchengefahr. Impfungen gegen Typhus und Tetanus sollen durchgeführt werden.

Unterdessen wird in Brandenburg der höchste Pegelstand der Oder seit siebenundsechzig Jahren erwartet. In Ratzdorf stehen bereits Keller unter Wasser. Am Zusammenfluss von Oder und Neiße werden Sandsackbarrieren unterspült. In Frankfurt/Oder setzt der Fluss Uferstraßen unter Wasser. „Wir machen uns größte Sorgen", sagt Umweltminister Platzek. „Der tief liegende Landstrich des Oderbruchs ist gefährdet. Wenn der Deich dort bricht, müssen zwanzigtausend Menschen evakuiert werden." Wasser, soweit das Auge reicht. Zwei Meter in der Sekunde bewegt sich die stumme, drohende Masse. Am schlimmsten ist das Warten. In Slubice sind bereits Keller überflutet. Noch einen Meter und die Stadt geht unter. Auf den Deichen laufen Polizisten und Soldaten – auf und ab – auf und ab. Jedes Loch wird sofort gestopft. Selbst ein Mauseloch kann zum Verhängnis werden. Tagelang sind die Helfer im Einsatz und irgendwann bis zur Bewusstlosigkeit erschöpft.

Auch Umweltminister Platzek, den sie den Deichgraf 97 nennen, schläft seit Tagen kaum. Sein Fahrer fährt ihn mit dem Dienstwagen den Deich an der Oder entlang hin und her. Nach vier Tagen Dauerregen scheint zum ersten Mal die Sonne. Medienwirksam trifft der Bundeskanzler in Frankfurt/Oder ein, schreitet mit ernster Miene über die Stadtbrücke. Helmut Kohl, der Mann mit dem Gespür für symbolische Gesten, verspricht Unterstützung von Seiten der Bundesregierung, schüttelt Hände von Bundeswehrsoldaten, dankt der Truppe vom Bundesgrenzschutz, blickt nach links, nach rechts, hat alles im Griff. Noch an diesem Tag werden 150 Einwohner aus dem Dorf Aurith und aus der dahinter liegenden Ernst Thälmann Siedlung 130 Menschen evakuiert. Dreihundertdreißig Bewohner von Ratzdorf müssen ihre Häuser verlassen. Dank des Einsatzes tausender Helfer halten die Deiche noch, aber immer mehr Sickerstellen müssen abgedichtet werden.

Eine neue Welle kündigt sich an, die Hilfswelle. Prominente in einer Fernsehshow: Politiker, Schauspieler, Sportler rufen zu Spenden und Hilfsaktionen auf. Betroffene aus den überschwemmten Regionen schildern ihr Schicksal. Großfirmen überweisen hohe Beträge, im Nu sind Millionen auf den Konten. Der Bürgermeister von Ratzdorf berichtet, Michael Jackson hat 50 000 Mark für einen Kindergarten gespendet, der seit drei Jahren nicht mehr existiert. Die Spendenflut ist nicht aufzuhalten. Konten bei karitativen Einrichtungen und Zeitungen schießen wie Pilze aus der Erde. „Nachbarn in Not", lautet ein Aufruf, ein anderer „Überschwemmungen in Osteuropa". Auch für Polen und Tschechien wird gesammelt. Sachspenden sind in Mengen da. Man weiß nicht, wohin damit. Hunderte von Kühlschränken und Kücheneinrichtungen warten auf neue Besitzer, eingeschweißte Matratzen stapeln sich in schwindelnde Höhen. Wochenlang ist der Kampf gegen die Fluten vom Fernsehen in die Wohnzimmer der Bundesbürger übertragen worden und hat die umfangreichste Hilfsaktion in der Bundesrepublik Deutschland ausgelöst, an die man sich erinnern wird.

Angesichts der Spendenflut wächst bei den Krisenstäben die Angst vor der Verteilung dieses Reichtums. Unbürokratisch und gerecht soll es zugehen. Jedoch koordiniertes Vorgehen scheint angesichts der vielen Spendenkonten aussichtslos. In Potsdam wird ein Spendenstab eingerichtet. Noch sind die Schäden nicht zu übersehen. Noch findet an der Oder ein gewalttätiges Naturereignis statt. Entscheidend ist weniger die Pegelhöhe als die Dauer des Wasserdrucks, der die Sanddeiche mehr und mehr zermürbt. Bei Hohenwutzen rutscht ein Deich auf 50 Meter Länge ab. 600 Menschen werden aus dem gefährdeten Gebiet des Oderbruchs gebracht. Nach Angaben des Krisenstabs ist das deutsche Oderufer in seiner gesamten Länge von 167 Kilometern akut vom Deichbruch bedroht. Zehntausend Helfer sind im Einsatz. Es soll noch Tage dauern, bis die Hochwasserlage sich entspannt. Endlich – nach mehr als zwei Wochen – sinkt der Oderpegel. Zurück bleibt auf den Feldern penetranter Gestank. Wasserlachen sind willkommene Brutstätten für Stechmücken. Die Ernte ist gründlich vernichtet. Der Blick fällt auf zerstörte Häuser und verrotteten Hausrat. Das große Aufräumen beginnt.

Auf deutscher Seite, heißt es, sei der Schaden überschaubar. Ein schwacher Trost für die junge Frau aus der Siedlung Ernst Thälmann. In Anglerhosen kämpft sie sich durch den Müll in ihrem Wohnzimmer, vorbei an der vermoderten Couch. Im Garten schwimmen Äpfel und Tomaten, dazwischen ein Staubsauger. Weit schlimmer sieht es in Polen und Tschechien aus. Die junge Frau aus Oppeln lacht den Kameramann hysterisch an: „Was ich anhabe ist alles, was ich besitze. Das Wasser, es hat unser Haus einfach weggespült."

In Deutschland standen 12 000 Hektar und 155 Häuser unter Wasser, in Polen waren es 650 000 Hektar und 1300 Dörfer. Der Kampf ums Überleben und ums Geld beginnt. Versicherungsfachleute sind unterwegs, Beratungsstellen für staatliche Hilfen, Verteilungsausschüsse für die Spenden werden eingerichtet. Achtzig Spendenkonten hat das Potsdamer Innenministerium gezählt. Niemand weiß, wie das Geld verteilt werden soll. „Vor Ort", meint die Landesregierung. „Jeder, der Geld haben will, muss seine Bedürftigkeit nachweisen." Auch wenn sich alle redlich bemühen, Gerechtigkeit scheint unmöglich. So lädt sich die Stimmung an der Oder auf. Nachbarn, die noch vor zwei Wochen gemeinsam Sand in die Säcke geschippt haben, beäugen sich misstrauisch. Neid macht sich breit. Ein Jahr nach der Flut ist gerade ein Drittel der Spenden verteilt. „Zu wenig Hilfsbedürftige". Der Spendenbeirat in Potsdam ist ratlos. „Nicht wir sind das Katastrophengebiet", erklärt Deichgraf Platzek, und die Kirchen stimmen mit ein. „Unsere Nachbarn in Polen und Tschechien, sie brauchen Hilfe." So fließt die Spendenflut oderaufwärts zu den Opfern der Nachbarländer, wo man wirklich von Elend sprechen kann, wo ganze Landstriche verwüstet sind.

950 Kilometer ist die Oder lang. „Ein schwieriger Strom". Die Menschen am Fluss wissen es seit Jahrhunderten. Zum Wiederaufbau der hochwassergeschädigten Gebiete am Oberlauf der Oder in Polen und Tschechien wird das meiste Geld verwendet werden. Ein Oderplan entsteht: Das deutsch-polnisch-tschechische Projekt soll

dazu beitragen, dass künftige Naturkatastrophen nicht mehr ein solches Ausmaß annehmen können. Ebenso wichtig ist, dass der gemeinsame Fluss die Menschen miteinander verbindet. Wissenschaftler fragen sich heute: War die Oderflut Teil einer europäischen Klimakatastrophe? Noch wissen sie es nicht, aber sicher ist: Der Fluss hat uns gezeigt, wie wir Menschen sind.